"Tant qu'un Homme pourra mourir de faim à la porte d'un palais où tout regorge, il n'y aura rien de stable dans les institutions humaines"

Eugène Varlin.

Je remercie mon ami Pierre-Henri Zaidman pour ses précieuses remarques et pour la célérité dont il a fait preuve pour me fournir, au plus vite, quelques rares documents qui me faisaient défaut.

Nos publications :

Runham Brown : Paroles de Paix, 2005, 105p, 8€, **épuisé.**

Élisée Reclus : Écrire la terre en libertaire. 2005, 294 p,18 €.

Alternatives Abesse : 1, 2, 3 Nous irons au bois d'Abesse. 2007, 241 p, 12 €. avec CD-Rom, **épuisé.**

Le congrès d'Amsterdam 1907-2007 : un siècle d'anarcho-syndicalisme. 2007, 247 p, 18 €.

Ariane Miéville : Amsterdam 1907-2007, le syndicalisme en débat., 2007, 144 p, 9 €.

Hélène Finet : Amsterdam 1907-2007 , Anarchie ou syndicalisme à la lumière de la réalité argentine (1901-1915)., 2007, 60 p, 6 €.

Gaetano Manfredonia : Amsterdam 1907-2007 , le débat Monatte-Malatesta revisité. 2007, 22 p, 3 €

Hélène Finet : Ni Dieu, Ni Patron, Ni Mari 2009, 38p, 5€

Les anarchistes et la Commune de Paris

Jean-Philippe CRABE

Couverture : L'arrestation de Louise Michel est une œuvre (huile sur bois 45 x 37 cm) de Jules Girardet à voir au Musée d'Art et d'Histoire de Saint-Denis.

éditions du temps perdu

éditions du temps perdu

c/o ICN, zone industrielle des saligues, 64300 Orthez, 2010

http://www.editionsdutempsperdu.org
editionsdutempsperdu@wanadoo.fr

Équipe éditoriale :

Jean-Philippe Crabé, Gérard Gonet-Boisson, Nadine Pourteau, François Togorès
Logo : Isabelle Baziad

La Commune est entrée dans l'Histoire du mouvement ouvrier français à travers ses barricades, un Paris en ruines et ses fusillés, exposés, pour l'exemple, aux photographes. La Commune reste dans la mythologie du mouvement ouvrier comme la première Révolution prolétaire, et ses martyrs héroïques ne sont pas oubliés. Mais, exception faite de quelques chercheurs, que savons-nous vraiment de la Commune ? Pas grand-chose et beaucoup à la fois. Beaucoup d'idées reçues et peu de vérités.

Le tableau de Girardet, que nous avons choisi comme couverture, illustre bien ce paradoxe : Louise Michel est là, entourée de ses tortionnaires. La Commune est illustrée par la défaite et l'héroïsme dans la défaite. Louise Michel est devenue l'icône de la Commune, alors que son rôle ne fut pas prépondérant, ce fut celui de milliers d'anonymes. C'est son éloquence au cours du procès, « Fusillez-moi ! », qui la fit connaître. Louise Michel, l'anarchiste de la Commune qui, pourtant, était blanquiste alors, et qui n'adhère à la pensée libertaire que durant son voyage vers l'exil de Nouvelle-Calédonie. C'est la Commune et ses erreurs qui lui firent comprendre que « le pouvoir est maudit ». Pourtant, la participation des anarchistes à la Commune se trouve trop souvent réduite à l'image de cette femme exemplaire.

Un siècle d'idéologie marxiste a gommé beaucoup de l'esprit libertaire qui régna durant la Commune. Les anarchistes eux-mêmes savent souvent peu de choses sur les liens qui les unissent à cette expérience. Nous n'avons pas la prétention d'exposer ici un travail exhaustif sur la Commune, nous souhaitons simplement nous interroger sur ces liens. En quoi les anarchistes ont-ils inspiré la Commune, comment et pourquoi ont-ils eu de l'influence pendant cette Révolution, quelles traces la Commune a-t-elle laissées dans leur histoire? A travers ces questions et les réponses ébauchées, nous espérons donner un éclairage plus juste sur l'esprit de cette époque et rétablir, à notre modeste niveau, quelques vérités.

INTERNATIONAL
ASSOCIATION.

L'éclosion de l'anarchisme, la prise de conscience d'un réflexe millénaire à travers la Révolution française.

Tous les courants politiques français du XIX° siècle sont influencés par la Révolution de 1789. Les monarchistes par crainte, les républicains et les socialistes car elle est le point de départ de leur pensée. Les anarchistes n'échappent pas à la règle : « Toute l'histoire antérieure de l'Humanité dominée par le principe religieux, forme une période nettement caractérisée, dans laquelle toutes les constitutions politiques et économiques des peuples, leur législation et leur morale, malgré d'innombrables variétés, sont au fond similaires, se résolvant dans la négation des droits de l'homme et du citoyen ; -[...]la Révolution française, faisant prédominer le principe juridique, ouvre une période nouvelle, un ordre des choses tout contraire, dont il s'agit maintenant pour nous de déterminer les parties »[1]. Par ces mots, Proudhon résume bien l'importance accordée par les premiers théoriciens anarchistes[2] à la Révolution Française. Elle est un acte fondateur qui oriente leur réflexion : « Du jour où nos pères firent, devant Dieu et devant les hommes, la Déclaration de leurs droits, posèrent en principe le libre exercice des facultés de l'homme et du citoyen, ce jour-là, l'autorité fut niée dans le ciel et sur la terre, et le gouvernement, même par voie de délégation, rendu impossible »[3]. L'anarchisme, en tant que théorie politique, prend naissance dans l'opposition des libéraux à l'Etat monarchique et à l'Eglise pour développer ensuite, dans le socialisme, une réflexion propre, plus radicale, qui revendique à la fois l'égalité et la liberté.

Car, si la Révolution française est une source d'inspiration essentielle pour les théoriciens anarchistes du XIX° siècle, elle n'est pas pour autant sacralisée. Comme le souligne Hobsbawm, elle porte en elle « un mouvement de la modernité amorcé de longue date (disons depuis la Renaissance) et qui cherche à problématiser les conditions de la légitimité

---

[1] PROUDHON P.J., « De la Justice dans la Révolution et dans l'Eglise », 1860, cité in MANFREDONIA G., « Anarchisme et changement social », ACL, Lyon, 2007.

[2] *A l'exception notable de Stirner.*

[3] PROUDHON P.J., « La révolution sociale démontrée par le coup d'Etat du Deux Décembre », ibid.

de l'État et, plus généralement, du pouvoir politique »[4]. Et Proudhon condamne cette tendance : « L'idée d'une limitation de l'Etat, là où règne le principe de centralisation des groupes, est donc une inconséquence, pour ne pas dire une absurdité. Il n'y a d'autres limites à l'Etat, que celles qu'il impose de lui-même en abandonnant à l'initiative municipale et individuelle certaines choses dont provisoirement il ne se soucie point. Mais, son action étant illimitée, il peut arriver qu'il veuille l'étendre sur les choses qu'il avait d'abord dédaignées ; et comme il est le plus fort, comme il ne parle et n'agit jamais au nom de l'intérêt public, non seulement il obtiendra ce qu'il demande ; devant l'opinion et les tribunaux, il aura encore raison »[5]. Les anarchistes portent donc très vite un regard critique sur la Révolution et ses dérives autoritaires : « c'est d'ailleurs de l'expérience de 93, de la méditation du robespierrisme que l'anarchie en arrivera à préciser, par opposition, sa doctrine sur ce point. »[6]. Mais les anarchistes considèrent qu'elle a permis « de mettre en lumière les différentes revendications populaires qui divergent déjà de celles de la bourgeoisie. La Révolution n'a pas débouché sur

---

[4] Hobsbawm E.J., « L'ère des révolutions: 1789-1848 », Paris: Hachette, 2005, p. 73.

[5] PROUDHON P.J. , « Contradictions politiques », dans, Oeuvres complètes, Paris, éd. Rivière, 1952

[6] SERGENT A. et HARMEL C., « Histoire de l'anarchisme », Dole-le-Jura: Le portulan, 1949, p. 38.

un programme anarchiste concret, mais elle a été un moment critique dans sa conception. Elle a servi à amener les demandes populaires à l'avant-plan, contribuant à son épanouissement: «La Révolution française a accéléré cette marche invincible vers l'anarchie » »[7]. Il est vrai que l'on trouve, parmi les porte- paroles des sans-culottes, des militants qui annoncent la pensée anarchiste. Défenseurs de l'égalité sociale et du mandat impératif, des personnalités comme Jacques Roux, Leclerc de Lyon, John Oswald ou Sylvain Maréchal peuvent figurer comme des précurseurs de la pensée libertaire[8]. Comment ne pas rapprocher les propos de Varlet : « Quelle monstruosité sociale, quel chef d'œuvre de machiavélisme en effet que ce gouvernement révolutionnaire. Pour tout être qui raisonne, gouvernement et révolution sont incompatibles, à moins que le peuple ne veuille constituer ses fondés de pouvoir en permanence d'insurrection contre lui-même, ce qu'il est absurde de

---

7 GUERIN D, « L'anarchisme », Coll Maspéro, Paris,

8 *Oswald, écossais, anticolonialiste et végétarien, participe à la Révolution et écrit un projet de constitution à mandat impératif*: OSWALD J. « Le gouvernement du peuple », Les Editions de la passion, Paris, 1996. *Pour approfondir sur les trois autres acteurs, on peut se référer à* GUILLON C., « Deux enragés de la Révolution », Editions La Digitale, Quimperlé, 1993, DOMMANGET M., « Babeuf et la conjuration des égaux », Spartacus, Barcelone, 1989, DOMMANGET M., « Enragés et curés rouges en 1793 », Spartacus, Paris, 1993. *A propos de la filiation entre les enragés et les anarchistes, on peut consulter* Woodcock, *Anarchism,* p. 54. Trad. Simon Brien. Cité in BRIEN S., « L'influence de la Révolution française sur la pensée de Pierre Kropotkine », mémoire de science politique, Université du Québec, Montréal, février 2010.

croire » ; de ceux tenus par Proudhon : « Il implique contradiction que le gouvernement puisse être jamais révolutionnaire et cela pour la raison toute simple qu'il est gouvernement » ?

Le gouvernement est donc clairement identifié comme le problème que la grande Révolution n'a pas surmonté. Pour atteindre les revendications légitimes de justice sociale et de liberté que le peuple a toujours gardées en lui[9], l'anarchisme doit proposer un apport théorique qui dépasse, poursuit et complète celui de 1789. La théorie politique amorcée par Proudhon, et reprise par Bakounine[10], qui doit permettre de dépasser les problèmes laissés en suspend, se base sur le fédéralisme. L'affirmation d'une « République une et indivisible » conduit à une centralisation du pouvoir politique et à un nationalisme exacerbé. Cette fausse interprétation de la souveraineté populaire avait amené à la négation de la liberté et de la démocratie. Elle avait été utilisée par la bourgeoisie pour conserver le pouvoir et servir ses propres intérêts. Le fédéralisme, en proposant une alternative à l'Etat centralisé, doit

---

[9] *Sur la vision anarchiste de la lutte des classes, il est possible de se faire une idée assez claire avec l'article de* CHOQUETTE G, Ph.D. philosophie (Paris-Sorbonne), « Fondements philosophiques et historiques de l'anarchisme », http://www.zombiemedia.org/spip.php?article44

[10] *La Révolution française est également une référence chez Bakounine, à ce sujet* : « La Révolution française dans la formation de la théorie révolutionnaire chez Bakounine », contribution à l'ouvrage collectif « Les anarchistes et la Révolution française », Éditions du Monde Libertaire, 1990

préserver la Révolution de ces dérives et permettre l'avènement du socialisme qui répond aux aspirations égalitaires du peuple. Proudhon résume : « Qui dit liberté dit fédération ou ne dit rien. Qui dit république dit fédération ou, encore une fois, ne dit rien. Qui dit socialisme dit fédération ou encore ne dit rien ».

Dès lors, il est assez naturel de rapprocher cette pensée de la « Fédération des communes de France » que tente de construire la Commune insurrectionnelle de Paris à travers « le Comité de correspondance des 44000 communes de France », le 29 avril 1793[11]. La Commune insurrectionnelle de Paris est la voix des sans-culottes durant la Révolution. Elle a renversé la Municipalité et la Royauté pendant la nuit du 9 au 10 août 1792. Elle est composée de représentants des sections (quartiers), et véhicule l'idée du mandat impératif. Les anarchistes voient dans cette structure l'émergence d'une organisation fédéraliste de démocratie directe. C'est tout naturellement qu'ils vont s'en inspirer.

Aussi, faut-il comprendre que, dans la diffusion des idées anarchistes en France, la place faite à la structure communale est de première importance. Les anarchistes l'introduisent d'ailleurs dans l'organisation

---

[11] *Dans la lettre envoyée par la Commune de Paris à toutes les communes de France, elle stipule « Voilà le seul fédéralisme que veulent les habitants de Paris (...) Toutes les communes de France doivent être sœurs ».*

qui commence à structurer le mouvement ouvrier à partir de 1864 : l'Association Internationale des Travailleurs.

ASOCIACION INTERNACIONAL

CONSEJO FEDERAL

ESPAÑA

D F

TRABAJADORES

L'Association Internationale des Travailleurs, six années qui préparent les anarchistes à la Révolution.

A l'occasion de l'exposition universelle de Londres, en 1864, une conférence internationale de délégués ouvriers lance les bases de l'Association Internationale des Travailleurs. Sa devise résume la démarche: « l'Emancipation des travailleurs sera l'œuvre des travailleurs eux-mêmes ». En France, autour de Tolain, l'AIT est fondée par une première génération de militants s'inspirant de Proudhon. Leur action est basée sur deux principes : mutuellisme et coopérativisme. A travers les mutuelles, les ouvriers peuvent s'entraider en regroupant leurs avoirs, sur la base d'un crédit gratuit. Ces caisses d'entraide permettent de créer des coopératives ouvrières de production et de consommation, qui doivent se multiplier et se fédérer pour créer une économie parallèle, censée remplacer complètement, à terme, l'économie capitaliste. Les proudhoniens concentrent dès lors leurs efforts sur cette « fuite » du monde capitaliste, et n'attendent pas grand-chose d'une révolution, ni d'une confrontation sociale avec le capitalisme. Ils sont donc souvent hostiles aux grèves. Conservant de Proudhon une hostilité envers les politiques, ils concentrent leur action sur le terrain économique, par la promotion des coopératives ouvrières. Cette génération de militants va être remplacée par une nouvelle génération plus radicale et proche des idées de Bakounine.

Autour de militants plus jeunes, comme Varlin et Malon, les sections de l'AIT en France se radicalisent, opérant un tournant syndicaliste et collectiviste antiautoritaire. C'est la situation sociale de 1867 qui explique, en grande part, cette évolution. L'AIT est alors une petite organisation d'un millier d'adhérents. La Société des bronziers de Ménilmontant fait appel à elle au cours d'un conflit social. 3000 ouvriers sont en grève pour protéger leur société corporative (syndicat), et réclament une augmentation des salaires. Le conflit s'enlise, et ils ont besoin d'un soutien. L'AIT envoie deux délégués en Angleterre pour exposer la situation aux ouvriers affiliés à l'Internationale. Les travailleurs anglais organisent une caisse de solidarité qui permet aux délégués de revenir en France avec 200 000 francs. Cet appui financier permet aux bronziers de sortir victorieux du conflit : la société corporative est préservée, et les salaires sont augmentés de 25%. L'argent envoyé par les travailleurs anglais est rapidement remboursé, et le prestige de l'AIT en France est rapidement assuré. En effet, « pour les ouvriers en lutte recherchant tous les appuis possibles pour imposer la satisfaction de leurs revendications, l'AIT fit désormais figure de recours naturel, tout comme dans le même temps, elle était devenue pour les employeurs et les milieux conservateurs craignant une montée de l'agitation sociale, un véritable épouvantail »[12]. Au cours de l'année 1867, les grèves se multiplient et les ouvriers font de plus en plus souvent appel à l'AIT qui voit ses rangs grossir. Le soutien qu'elle apporte n'est pas toujours financier, elle n'en a pas les moyens, mais elle assure la publicité des conflits qui sont souvent victorieux. Cette même année, à l'occasion de l'exposition universelle, une commission ouvrière se réunit à Paris alors que le mouvement ouvrier parisien, en pleine effervescence, est en train de se réorganiser. Elle permet à l'AIT d'exprimer ses idées par les interventions de ses militants. L'AIT apparaît comme la seule organisation légitime pour porter les revendications ouvrières. La répression impériale qu'elle subit ne fait qu'accroître ce sentiment

[12] CORDILLOT M., « Aux origines du socialisme moderne, la première internationale, la Commune, l'exil », Edition de l'atelier, Paris, 2010.

auprès des ouvriers[13]. Finalement, les travaux de cette commission - officiellement complètement indépendante de l'AIT - se traduisent par un renforcement de cette dernière.

Le tournant idéologique imprimé par les faits amène la section française à un repositionnement idéologique, qui privilégie l'affrontement social au détriment de l'émancipation par les coopératives et le mutuellisme. Tandis qu'un certain nombre de proudhoniens s'éloignent de l'AIT, de nombreux militants adhèrent sur ces nouvelles bases, à la suite de conflits sociaux. Les militants de l'Internationale, Eugène Varlin en tête, entament un gigantesque travail de regroupement des sociétés ouvrières dans une seule fédération. Tous les adhérents des sociétés ouvrières ne sont pas à l'AIT, mais les militants les plus aguerris s'y retrouvent souvent, et créent des sections de l'Internationale. Ce travail est facilité par le contexte politique qui évolue devant la pression populaire : Napoléon III est obligé de libéraliser légèrement le régime, en autorisant les réunions publiques et en laissant un peu plus de liberté à la presse. De juin 1868 à mars 1869, 400 réunions publiques rassemblent des milliers de Parisiens. Les militants de l'Internationale y participent et

---

13 ROUGERIE J., « les sections française de l'Association Internationale des Travailleurs » in « La première Internationale, l'institution, l'implantation, le rayonnement », CNRS, Paris, 1968, p 93-127.

deviennent populaires. Parmi les orateurs internationalistes les plus connus, on retrouve Tolain, Pindy, Longuet, Nostag, Malon, Héligon, Chalain ,et surtout Varlin. Ce dernier a une idée nette de l'évolution syndicaliste et révolutionnaire de son organisation : « A moins de vouloir tout ramener à un Etat centralisateur et autoritaire, qui nommerait les directeurs d'usines, lesquels directeurs nommeraient à leur tour les sous-directeurs, contremaitres, etc. , et d'arriver ainsi à une organisation hiérarchisée de haut en bas du travail, dans laquelle le travailleur ne serait plus qu'un engrenage inconscient, sans liberté ni initiative, à moins de cela nous sommes forcés d'admettre que les travailleurs eux-mêmes doivent avoir la libre disposition, la possession de leurs instruments de travail, sous la condition d'apporter à l'échange leurs produits aux prix de revient, afin qu'il y ait la réciprocité de services entre les travailleurs des différentes spécialités (...) Les sociétés ouvrières, sous quelques formes qu'elles existent actuellement, ont déjà cet immense avantage d'habituer les hommes à la vie de société ; et de les préparer ainsi pour une organisation sociale plus étendue. Elles les habituent, non seulement à s'accorder ou à s'entendre, mais encore à s'occuper de leurs affaires, à s'organiser, à discuter, à raisonner de leurs intérêts matériels et moraux, et toujours au point de vue collectif, puisque leur intérêt personnel individuel, direct, disparaît dès qu'ils font partie d'une collectivité (...) Mais les sociétés corporatives (résistances, solidarités, syndicats) méritent surtout nos engagements et nos sympathies, car ce sont elles qui forment les éléments naturels de l'édification sociale de l'avenir ; ce sont elles qui pourront facilement se transformer en association de producteurs ; ce sont elles qui pourront mettre en œuvre l'outillage social et l'organisation de la production »[14].

Malgré la répression[15] l'Internationale se développe, et l'année 1870 fait figure d'apogée : Paris comptait 5 sections de l'Internationale en 1869, elles sont 25 en 1870. Cette tendance est également visible en Province : à Marseille où l'AIT avait presque disparu en 1868, suite au départ des proudhoniens, elle compte 285 membres, et elle a organisé une chambre fédérale de 27 corporations[16] ; à Lyon, une fédération des sections de l'AIT est constituée le 7 mars 1869, sous l'impulsion d'Albert Richard et en présence de Bastellica (militant marseillais), Schwitzguebel (militant jurassien) et Varlin, tous trois sont des

---

[14] VARLIN E., *La Marseillaise*, 11 mars 1870 cité in CORDILLOT M., « Eugène Varlin, chronique d'un espoir assassiné », La part des hommes, Ed. Ouvrière, France, 1991, p.169-170.

[15] *L'Internationale a subi deux procès, quelques-uns de ses militants les plus aguerris sont passés par la prison, comme Varlin, ou ont dû s'exiler, comme Robin.*

[16] GAILLARD L. : « La section marseillaise de l'Internationale », CIRA Marseille, 1970.

« intimes » de Bakounine[17]. En septembre, plusieurs milliers d'ouvrières en grève adhèrent collectivement à l'Internationale. Cette grève, qui n'a pas eu le temps d'être suivie d'effet, dans le contexte de la guerre franco-prussienne et de l'interdiction de l'Internationale, resta dans les mémoires comme un symbole fort. Plusieurs villes françaises comptent alors des sections de l'Internationale : autour de quatre grandes fédérations (Rouen, Paris, Marseille et Lyon et leurs régions) on trouve notamment Saint-Etienne, Bordeaux, Limoges, Le Creusot, Lille, Elbeuf, Reims, Nevers, Besançon, Brest, Fourchambault, Givors. L'Internationale progresse dans les zones industrielles des Bouches-du-Rhône. Des sections rurales se constituent dans les montagnes du Gard et dans l'Hérault.

Ce renouveau de l'AIT en France s'inscrit dans la période où les idées des militants collectivistes révolutionnaires[18], regroupés autour de Bakounine, triomphent dans l'Internationale. En 1869, au Congrès

---

[17] *Bakounine et ses amis se sont réunis dans une socité secrète, l'Alliance inernationale.*

[18] *En France, des militants comme Varlin se déclarent communistes non autoritaires. Certains historiens y voient un démarquement vis-à-vis de Bakounine. L'appellation correspond plutôt à la réalité française et la volonté de se démarquer des proudhoniens. D'ailleurs, Varlin se réclame à plusieurs reprises : « du collectivisme ou communisme non autoritaire » Cf.* GUILLAUME J., « L'Internationale, documents et souvenirs », Ed. Gérard Lebovici, Tome 1, livre 2, France, 1985, p.204-206.

de Bâle, l'AIT adopte le programme des antiautoritaires, qui prévoit : « dans la société future les syndicats formeront des communes libres, dans lesquelles le gouvernement et la gestion locale seront remplacés par les conseils des délégués des unions professionnelles des travailleurs»[19]. Ce programme est directement inspiré des écrits des penseurs anarchistes : « en 1865, puis à nouveau en 1868, Michel Bakounine faisait de la commune autonome, définie comme la fédération des associations ouvrières de production agricole et industrielle, "la base de toute organisation politique d'un pays" [20]. Il réaffirmait ainsi le principe fédératif, auquel Pierre Joseph Proudhon avait consacré un ouvrage en 1863. A l'État centraliste, unitaire, bureaucratique et militariste devaient se substituer les fédérations libres des communes, des provinces, des régions et des nations, organisées « de bas en haut et de la circonférence au centre », ayant pour objet l'administration des services publics et non le gouvernement. Cette organisation politique reposait sur l'élection au suffrage universel direct des fonctionnaires et des représentants, investis de mandats impératifs, responsables et révocables à tout moment.

---

19 VASSILIEV Pano, « L'idée des soviets », Les cahiers de l'anarcho-syndicalisme n°3, CNT-AIT, Caen, p.14.

20 *Dans les textes qui constituent les statuts et le programme de sa Société (ou Fraternité) internationale révolutionnaire, en particulier le Catéchisme révolutionnaire (1865), puis dans le programme de l'organisation secrète des Frères internationaux (1868).* Cf. GUERIN D., « Ni Dieu ni Maître », tome I, Maspero, 1974, p. 169 sq., notamment p.I90-191 et 224-225

Bakounine avait même imaginé ce que devait être la Commune en pleine période insurrectionnelle : « Pour l'organisation de la Commune, la fédération des barricades en permanence et la fonction d'un Conseil de la Commune révolutionnaire par la délégation d'un ou deux députés par chaque barricade, un par rue, ou par quartier, députés investis de mandats impératifs, toujours responsables et toujours révocables : Le Conseil communal ainsi organisé pourra choisir dans son sein des comités exécutifs, séparés pour chaque branche de l'administration révolutionnaire de la Commune »[21] »[22]. Cette place centrale que doit jouer la Commune dans la révolution et dans la société anarchiste ne se dément pas à la suite du Congrès : « Le Suisse James Guillaume écrit en 1870 Une Commune sociale, où il présentait la thèse d'une commune libre à l'état initial. »[23].

La majorité des militants français sont d'accord avec ce programme. Au congrès de Bâle, un délégué français, Pindy, a défendu la même idée que la délégation belge à l'origine de la résolution : « dans la société future les syndicats formeront des communes

---

[21] Ibid., p. 224-225.

[22] DELHOM J., « Des anarchistes et de la Commune de Paris », in *La Commune de 1871 : utopie ou modernité ?*, ss. la dir. de Gilbert Larguier et Jérôme Quaretti, Perpignan, Presses Universitaires de Perpignan (col. Etudes), 2000, p. 295-310.

[23] Ibid

libres, dans lesquelles le gouvernement et la gestion locale seront remplacés par les conseils des délégués des unions professionnelles des travailleurs»[24]. Pourtant, Pindy est encore mutuelliste à l'époque. C'est lui qui présente la proposition de la commission qui est composée de neuf délégués français, cinq suisses, un allemand et un espagnol. La proposition fut votée à l'unanimité[25]. Aux élections de 1869, Varlin rédige un programme pour des candidats proches ou membres de l'Internationale, c'est l'occasion de tester le parti socialiste (il écrit: « une seule chose pouvait nous intéresser, nous les travailleurs, membres de l'Association internationale, c'était l'attitude que prendrait le parti socialiste »)[26]. Au regard du manifeste de la Commune, la ressemblance est saisissante : « 1) Suppression des armées permanentes, armement des citoyens ; 2) suppression du budget des cultes (...) ; 3) réforme générale de la législation : élection de la magistrature, temporairement et par suffrage

---

[24] VASSILIEV P., « L'idée des soviets », Les cahiers de l'anarcho-syndicalisme n°3, CNT-AIT, Caen, p.14.

[25] GUILLAUME J., « L'Internationale, documents et souvenirs », Ed. Gérard Lebovici, Tome 1, livre 2, France, 1985, p.204-206. *Il faut noter qu'à ce congrès, les collectivistes révolutionnaires s'imposent avec 39 délégués, face à deux minorités, les mutuellistes (4 délégués) et les marxiens (19 délégués).*

[26] *Il faut rappeler que l'anti-électoralisme des anarchistes de l'époque n'est absolument pas dogmatique et vient de leur expérience. Jamais, les antiautoritaires de l'AIT n'ont interdit l'utilisation tactique des élections. Ils en viennent à les condamner en constatant les dérives qu'elle provoque. C'est Marx qui, en cherchant à imposer à toutes les sections la voie électorale, fit preuve d'un effroyable dogmatisme qui provoqua le conflit.*

universel (...); 4) instruction laïque et intégrale (...) ; 5) suppression de tous les privilèges attachés aux grades universitaires ; 6) liberté d'association (...) ; 7) liberté de réunion sans restriction ; 8) liberté de la presse (...) ; 9) liberté individuelle garantie par la responsabilité effective et permanente de tous les fonctionnaires quels que soient leurs rangs ; 10) établissement de l'impôt progressif ; suppression de tous les impôts indirects ; 11) liquidation de la dette publique ; 12) expropriation de toutes les compagnies financières et appropriation par la nation, pour les transformer en services publics, de la banque, des canaux, des chemins de fer, roulages, assurances, mines ; 13) les communes, les départements et les colonies affranchis de toute tutelle pour ce qui concerne leurs intérêts locaux, et administrés par des mandataires librement élus »[27]. Si Varlin instrumentalise les élections pour faire de la publicité à l'idée communale, la guerre de 1870 bouleverse la situation, et les internationalistes ont l'occasion d'essayer de l'imposer dans les faits.

Le 8 juillet 1870, l'Internationale est dissoute en France suite à un troisième procès. Varlin est obligé de s'exiler à Bruxelles; Avrial, Thiez, Robin, Malon et Duval sont sous les verrous. Le procès de 36 internationalistes est programmé à Lyon pour le 8 août.

---

[27] cité in CORDILLOT M., « Eugène Varlin, chronique d'un espoir assassiné », La part des hommes, Ed. Ouvrière, France, 1991, p. 134-135.

Une deuxième vague de répression doit se conclure à Paris avec les procès de Landrin, Camélinat et Tolain. C'est dans ce contexte que les militants de l'AIT doivent se positionner devant la déclaration de guerre de la France à la Prusse, le 19 juillet. Malgré des changements tactiques, l'attitude de l'Internationale est cohérente : « Depuis le commencement de la guerre, les internationaux français, ceux de Paris en particulier, après avoir protesté de toutes leurs forces contre une lutte fratricide, cherchaient l'occasion favorable de renverser l'Empire ; ils voulaient proclamer la République sociale et offrir la paix à l'Allemagne ; puis, si celle-ci refusait, faire, non pas au peuple allemand, mais au gouvernement allemand, la guerre révolutionnaire, avec l'espoir de trouver dans les socialistes allemands un puissant appui »[28]. Un comité d'action est créé pour envahir le palais Bourbon le 9 août (date symbolique s'il en est), et tenter un soulèvement révolutionnaire. Mais le chef désigné du mouvement, Pindy, est arrêté le matin même et l'action est reportée. Devant les défaites françaises, les internationalistes modifient leur attitude. La victoire prussienne leur paraît désastreuse. Pour Bakounine, elle représente la réaction et la puissance du capitalisme allemand. Au-delà de l'Empire, la défaite française serait celle des forces progressistes de toute

---

[28] GUILLAUME J., « L'Internationale, documents et souvenirs », Ed. Gérard Lebovici, Tome 1, livre 2, France, 1985, p.69.

l'Europe. Ce sentiment est partagé par le théoricien socialiste allemand, Ferdinand Lassalle, qui écrit à Marx : « Si nous étions victorieux [c'est-à-dire si la France était battue par la Prusse], la chose serait pire encore. Une défaite de la France serait, pour un long espace de temps, l'évènement contre-révolutionnaire par excellence. Il est incontestable que, malgré tous les Napoléons, la France, en face de l'Europe, représente la Révolution, et que la défaite de la France serait la défaite de la Révolution »[29]. Le 23 août, Bakounine, qui entretient alors une correspondance très active avec les internationaux français (comme Malon, Varlin, Bastelica, Alerini...), écrit à Albert Richard : « Bazaine battu, les Prussiens marcheront sur Paris, et si le peuple français ne se soulève pas tout entier, ils prendront Paris (...) Il faut que partout le peuple prenne les armes et s'organise lui-même, pour commencer contre les envahisseurs allemands une guerre de destruction, une guerre au couteau. Il ne faut pas qu'il se laisse imposer des chefs, il faut qu'il les choisisse lui-même. Vous êtes entourés de traîtres, la Prusse est dans le gouvernement et dans l'administration. Vous êtes vendus sur tous les points. Rappelez-vous les paroles de Danton dans une époque et au milieu d'un danger qui assurément n'étaient pas plus terrible que l'époque et le danger actuels : « Avant de marcher contre l'ennemi, il faut le

[29] Cité in GUILLAUME J., « L'Internationale, documents et souvenirs », Ed. Gérard Lebovici, Tome 1, livre 2, France, 1985, p.81.

détruire, le paralyser derrière soi ». Il faut mettre à bas les Prussiens de l'intérieur pour pouvoir marcher ensuite avec confiance et sécurité contre les Prussiens de l'extérieur. Le mouvement patriotique de 1792 n'est rien en comparaison de celui que vous devez faire maintenant, si vous voulez sauver la France d'un esclavage de cinquante ans, de la misère et de la ruine, de l'invasion et de l'anéantissement. Donc levez-vous, amis, au chant de la Marseillaise, qui redevient aujourd'hui le chant légitime de la France, tout palpitant d'actualité, le chant de la liberté, le chant du peuple, le chant de l'humanité, - car la cause de la France est redevenue enfin celle de l'humanité. En faisant du patriotisme, nous sauverons la liberté universelle, - pourvu que le soulèvement du peuple soit universel et sincère et qu'il soit conduit non par des traîtres, vendus ou voulant se vendre soit aux Prussiens, soit aux Orléans qui viennent avec eux, mais par des chefs populaires. »[30]. Depuis mars 1870, le révolutionnaire russe et ses amis ont des vues sur la France, ils rédigent même le projet d'un programme révolutionnaire qui s'organise autour des communes :

> Art.1- Les Communes révolutionnaires de Paris, Lyon, Marseille, Lille, Bordeaux, Rouen, Nantes, etc., ayant solidairement et

---

[30] BAKOUNINE M., « La guerre franco-allemande et la révolution sociale en France 1870-1871 » oeuvres complètes, volume 7, Ed ; Champs libre, France 1979, p.286.

> uniformément préparé et dirigé le mouvement révolutionnaire pour le renversement de la tyrannie impériale, déclarent qu'elles ne considéreront leur tâche comme achevée que quand elles auront assuré le triomphe de la révolution par l'application des principes égalitaires qu'elles professent. En conséquence elles s'unissent fédérativement, se font provisoirement autoritaires et décrètent ce qui suit :
>
> (...) Art ; 13- Les Communes révolutionnaires enverront des délégués partout où ce sera nécessaire, soit pour y faire constituer de nouvelles communes, soit pour y faire exécuter les décrets promulgués.[31]

Entre le 20 août et le 1er septembre, Bakounine écrit pour *La solidarité*[32], sa « lettre à un Français » en plusieurs épisodes, où il fait le point sur la situation politique et ce qu'il faut faire. C'est un véritable plaidoyer pour un soulèvement populaire révolutionnaire, et l'établissement d'une fédération de Communes qui mérite que nous nous y attardions longuement. Il y expose son analyse de la situation : « Il y a en ce moment à Paris deux choses qui entravent la

[31] Ibid, p.337.

[32] *Journal influent de la fédération jurassienne et très lu en France dans les milieux internationalistes français.*

révolution : d'un coté chez les bonapartistes, le patriotisme masquant la réaction et servant de prétexte aux mesures les plus despotiques ; de l'autre coté, chez les révolutionnaires, la crainte puérile selon moi, que la révolte ne servît l'invasion étrangère (…). Mais en supposant une nouvelle défaite des Français, s'il est certain d'un coté que ce sera la chute de Bonaparte, il me parait tout aussi certain que les Parisiens ne feront pas une révolution radicale[33], même sous le rapport politique. Il y aura un gouvernement provisoire de conciliation, où Thiers donnera la main à Gambetta, et le général Trochu à Pelletan ou à Jules Simon ou à Kératry, et ce gouvernement n'aura qu'un programme, maintenir l'ordre. Ce ne sera pas Paris qui pourra prendre cette fois l'initiative de la vraie révolution, l'initiative appartiendra aux provinces (…) Dans les conditions auxquelles la France se trouve présentement, la France ne peut plus être sauvée par les moyens réguliers de la civilisation, de l'Etat. Elle ne peut échapper à la déchéance que par un effort suprême, par un immense mouvement convulsif de toute la nation, par le soulèvement armé du peuple français (…) ». Puis, il explique pourquoi il est impossible de trouver des alliés pour un soulèvement populaire : « Il y a aujourd'hui entre tous les partis, sans en excepter les jacobins les plus rouges et

[33] *Bakounine considère que les Parisiens vont être trop absorbés par les urgences de leur défense immédiate pendant le siège.*

naturellement aussi les socialistes bourgeois, matés et paralysés les uns comme les autres par la crainte que leur inspirent les socialistes révolutionnaires, réellement populaires, - les anarchistes ou pour ainsi dire les hébertistes du socialisme, qui sont aussi profondément détestés par les communistes autoritaires, par les communistes de l'Etat, que par les jacobins et par les socialistes bourgeois, - entre tous ces partis, sans excepter même les communistes d'Etat, il y a un accord tacite, d'empêcher la révolution tant que l'ennemi sera en France, pour deux raisons : la première, c'est que, en ne voyant tous également de salut pour la France que dans l'action de l'Etat et dans l'exagération excessive de toutes les facultés et puissances de l'Etat, ils sont tous sincèrement convaincus que, si la révolution éclatait maintenant, comme elle aurait pour effet immédiat, naturel, la démolition de l'Etat actuel, et comme les jacobins et les communistes autoritaires manqueraient nécessairement et de temps et de tous les moyens indispensables pour la reconstruction aussi immédiate d'un nouvel Etat révolutionnaire, elle, c'est-à-dire la révolution, livrerait la France aux Prussiens, en la livrant d'abord aux révolutionnaires socialistes. La seconde n'est qu'une explication et un développement de la première. Ils redoutent et détestent également les socialistes révolutionnaires, les travailleurs de l'Internationale, et, sentant que dans les conditions présentes la révolution triompherait immanquablement, ils veulent à toute force empêcher la révolution. (...) Ce pacte forcé entre les bonapartistes, les orléanistes, les républicains bourgeois, les jacobins rouges et les socialistes autoritaires, est naturellement à l'avantage des deux premiers partis et au détriment des trois derniers (...). » Enfin, il expose la politique à adopter : « La France ne peut plus être sauvée par les moyens réguliers, les moyens de l'Etat. Mais en dehors de l'Etat, il n'y a dans une nation que le peuple ; donc la France ne peut être sauvée que par l'action immédiate, NON POLITIQUE, du peuple : par le soulèvement en masse de tout le peuple français, s'organisant spontanément, de bas en haut, pour la guerre de destruction, la guerre sauvage au couteau (...) la France ne peut être sauvée que par un soulèvement spontané, tout à fait en dehors de l'action et de la tutelle de l'administration, du gouvernement, de l'Etat, quel que soit la forme de cet Etat et de ce gouvernement (...) L'Etat est devenu maintenant le plus grand ennemi de la France, le plus grand obstacle à sa résurrection et à sa délivrance. Pour sauver la France, vous devez le renverser, le détruire (...) » Il revient sur la situation militaire de Paris pour écarter l'idée d'un gouvernement révolutionnaire, et propose que le gouvernement de Paris décide : « 1) de rester à Paris et de s'occuper exclusivement de la défense de Paris ; 2) de faire une proclamation à la

France toute entière, par laquelle au nom de Paris, il déclarera abolies toutes les institutions et toutes les lois de l'Etat (...) 3) De déclarer par cette proclamation à toutes les communes et provinces de la France, que Paris absorbé par le soin de sa défense, n'est plus capable de gouverner et de diriger la France. Que par conséquent, renonçant à son droit et à ce rôle historique de directeur de la France, il invite provinces et communes insurgées au nom du salut de la France, à se fédérer entre elles, toujours de bas en haut, et d'envoyer leurs délégués dans un lieu quelconque, où Paris ne manquera certainement pas d'envoyer les siens – et que la réunion de ces délégués formera le nouveau gouvernement provisoire et révolutionnaire de la France. »[34] Lorsque l'on rapproche ce texte du projet de programme de mars 1870, et de la correspondance de Bakounine avec les internationalistes français, on voit très clairement apparaître un plan réfléchi qui vise à utiliser la situation politique pour créer des conditions révolutionnaires par l'insurrection. La Révolution doit partir de Lyon pour gagner les grandes villes de province comme Marseille et Bordeaux avant de s'étendre à l'Europe occidentale, là où les sections de l'AIT sont le plus radicalisées – et proche de Bakounine

[34] BAKOUNINE M., « La guerre franco-allemande et la révolution sociale en France 1870-1871 » ouvres complètes, volume 7, Ed ; Champs libre, France 1979, p. 86.

– la Suisse, l'Italie et l'Espagne. Ce texte est un outil de propagande plus large, qui doit permettre de rallier des partisans. Dans le même temps, la fédération jurassienne appelle les travailleurs de l'Internationale à constituer des bataillons pour s'engager au coté de la France sur le modèle garibaldien : « La cause de la République française, c'est celle de la Révolution européenne, et le moment est venu de donner notre sang pour l'affranchissement des travailleurs et de l'humanité tout entière. »[35]

Le 4 septembre, la République est proclamée et les prévisions de Bakounine se confirment. Il considère d'ailleurs que la substitution à l'Empire du gouvernement provisoire ne change rien. Il poursuit donc les préparatifs de la Révolution. Appelé par les internationalistes lyonnais, il part pour Lyon où un Comité de salut public s'était installé dès le 4 septembre. Sous l'impulsion d'Albert Richard, 10 commissaires avaient été nommés le 8 septembre pour être « les intermédiaires du peuple lyonnais auprès du Comité de salut public ». Dans une lettre, Bakounine explique qu'il pense que l'insurrection lyonnaise doit entraîner celle de Marseille. Les internationalistes pensent également que Bordeaux peut suivre rapidement. Mais dès le 15 septembre, le Comité de

---

[35] GUILLAUME J., « L'Internationale, documents et souvenirs », Ed. Gérard Lebovici, Tome 1, livre 2, France, 1985, p.69.

Salut Public avait été remplacé par un Conseil municipal, et les radicaux tenaient la ville. Bakounine arrive donc à Lyon le 13 septembre, alors que la situation est très confuse et que les internationalistes ne savent pas quoi faire. Il tente, avec les internationalistes lyonnais, et Bastelica accouru de Marseille, de réorganiser les forces révolutionnaires. Lors d'une réunion publique, le 17 septembre, un Comité central pour le Salut de la France est nommé, et des plans insurrectionnels sont entamés, tandis que les réunions publiques enfiévrées se succèdent sur un rythme effréné. Des émissaires sont envoyés dans le sud de la France pour propager l'insurrection. Dans le même temps, la Fédération jurassienne s'active et James Guillaume imprime en Suisse la « Lettre à un Français » sous la forme d'une brochure, qu'il envoie à toutes les adresses que détient l'Internationale en France.

Le 24 septembre, une grande réunion publique vote un certain nombre de résolutions, dont la destitution de tous les officiers et leur remplacement par des chefs élus. Le lendemain, Bakounine et le Comité s'emploient à rédiger et à imprimer « L'affiche rouge », qui contient le programme révolutionnaire de l'insurrection du lendemain. C'est finalement le 28 septembre que le plan est mis à exécution et l'affiche est rendue publique :

République Française,

Fédération révolutionnaire des Communes.

La situation désastreuse dans laquelle se trouve le pays ; l'impuissance des pouvoirs officiels et l'indifférence des classes privilégiées ont mis la nation française sur le bord de l'abîme.

Si le peuple organisé révolutionnairement ne se hâte d'agir, son avenir est perdu, la Révolution est perdue, tout est perdu. S'inspirant de l'immensité du danger, et considérant que l'action désespérée du peuple ne saurait être retardée d'un seul instant, les délégués des Comités Fédérés du salut de la France, réunis au Comité central, proposent d'adopter immédiatement les résolutions suivantes :

Article premier. – La machine administrative et gouvernementale de l'Etat, étant devenue impuissante, est abolie.

Le peuple de France rentre en pleine possession de lui-même.

Art. 2 – Tous les tribunaux criminels et civils sont suspendus et remplacés par la justice du peuple.

Art. 3 – Le paiement de l'impôt et des hypothèques est suspendu. L'impôt est remplacé par les contributions des communes fédérées, prélevées sur les classes riches, proportionnellement aux besoins du salut de la France.

Art. 4 – L'Etat, étant déchu, ne pourra plus intervenir dans le paiement des dettes privées.

Art. 5- Toutes les organisations municipales existantes sont cassées et remplacées dans toutes les communes fédérées par des Comités du salut de la France, qui exerceront tous les pouvoirs sous le contrôle immédiat du peuple.

Art. 6- Chaque comité de chef-lieu de département enverra deux délégués pour former la Convention révolutionnaire du salut de la France.

Art. 7- Cette Convention se réunira immédiatement à l'hôtel de ville de Lyon, comme étant la seconde ville de France et la plus à portée de pourvoir énergiquement à la défense du pays.

Cette Convention appuyée par le peuple entier, sauvera la France.

Aux armes ![36]

Le 28 septembre, à la tête d'une manifestation de plusieurs milliers d'ouvriers revendiquant des augmentations de salaire, le Comité envahit l'Hôtel de ville. Les préparatifs se sont faits dans la confusion. Les militants lyonnais sont divisés et le niveau de détermination n'est pas homogène. Alors que

---

[36] Cité in GUILLAUME J., « L'Internationale, documents et souvenirs », Ed. Gérard Lebovici, Tome 1, livre 2, France, 1985, p.95.

Bakounine proposait que la manifestation soit armée, la majorité du comité fait admettre l'idée d'une manifestation pacifique. Le général Cluseret, après avoir été acclamé par la foule du balcon de l'hôtel de ville, part à la Croix Rousse pour rallier les quartiers ouvriers au mouvement. Mais, au lieu de lever les bataillons de la garde nationale, il demande au peuple de venir « en masse et sans arme ». Il avoue plus tard que son objectif « était d'éviter une collision, parce qu'on battait le rappel dans les quartiers peu sympathiques au peuple »[37]. La détermination des gardes nationaux des quartiers bourgeois est tout autre, et Cluseret est arrêté. Ils rentrent ensuite dans l'Hôtel de Ville pour arrêter le Comité, mais la foule sans arme arrive à les désarmer, une partie des gardes nationaux levant la crosse en l'air. Pendant quelques heures de répit, au grand dam de Bakounine et quelques rares autres, le comité fit preuve d'une irresponsabilité coupable. Plutôt que de s'employer à parer à la contre-offensive des partisans de la bourgeoisie, ils s'occupaient à rédiger des discours. Lorsque la menace de bataillons de la garde nationale des quartiers bourgeois se fit plus pressante, Cluseret et Albert Richard entamèrent des négociations et la reddition du Comité. Bakounine est arrêté, mais immédiatement délivré par quelques révolutionnaires fidèles. Ils sont obligés de s'enfuir : la tentative insurrectionnelle a

---

[37] Ibid, p.96

tourné au désastre devant le peu de détermination de ceux qui avaient appelé Bakounine et Bastelica en renfort[38]. Bakounine reste quelque temps dans la clandestinité à Marseille, le temps d'organiser son retour en Suisse, où il revient assez abattu. Dans son plan pour exclure Bakounine de l'AIT, Marx a raillé cette initiative, de son fauteuil londonien. A sa suite, bon nombre d'historiens se sont contentés de la mettre sur le compte de « l'aventurisme révolutionnaire » prêté au célèbre Russe, sans chercher plus loin. Cette erreur est préjudiciable si l'on veut comprendre le véritable rôle joué par l'Internationale – et tout particulièrement les collectivistes - dans cette période. Citons l'historien communiste Iouri Steklov, compagnon de Lénine et qu'on ne peut soupçonner de bienveillance vis-à-vis de Bakounine : « Certes, ceux qui ne partagent pas les conceptions anarchistes de Bakounine et de ses partisans peuvent et doivent critiquer ses espoirs sans fondement et sa proclamation de l'abolition de l'Etat sur le papier. Mais, ses imperfections mises à part, son intervention à cette poque fut une tentative généreuse de réveiller l'énergie endormie du prolétariat français et de la diriger contre le système capitaliste (…) En soi, le plan de Bakounine, si on n'en considère pas l'enveloppe spécifiquement

---

[38] *Albert Richard est soupçonné un peu plus tard d'avoir été un agent bonapartiste. En effet, il quitte l'Internationale pour monter un mouvement pour le rétablissement de l'Empire…*

anarchiste (…) n'est pas si ridicule. (…) Personne alors n'a proposé un plan meilleur… Il faut dire ouvertement que si, à ce moment-là, il était possible en général d'utiliser la défaite de la France pour réveiller l'énergie des masses et pour tâcher de réaliser un profond bouleversement social, alors le plan de Bakounine convenait pour cela mieux que n'importe quel autre… La Commune de Paris, apparue six mois après la première tentative de Lyon, ne fut qu'une esquisse faible, incomplète et inachevée du projet grandiose qu'avait imaginé Bakounine. »[39]

La première vague communaliste qui débute par l'épisode lyonnais ne s'arrête pas pour autant. « Leur défaite n'a toutefois pas mis fin à l'action plus ou moins clandestine des groupes anarchistes et blanquistes »[40]. Plusieurs fois, à Lyon, la municipalité a dû affronter des troubles révolutionnaires jusqu'au 30 mars 1871, sans pour autant que ceux-ci soient couronnés de succès. En novembre 1870, Marseille, à son tour, proclame la Commune, mais l'affaire tourne court. En mars 1871, l'idée communaliste est donc déjà dans tous les esprits des internationaux français.

---

[39] STEKLOV I., « M.A. Bakounine, sa vie et son activité », Moscou, 1927, t. IV, première partie, chap. III, la tentative de Lyon *cité in* RUDE F. « Michel Bakounine, de la guerre à la commune », Ed. Anthropos, Paris, 1972, p.20.

[40] MILZA P., « L'année terrible », Perrin, Paris, 2009, p.160.

Les évènements parisiens et la proclamation de la Commune.

Pour une sombre affaire matrimoniale entre nobles, des comptes d'apothicaires en somme, Napoléon III et Bismarck précipitent la France et les peuples allemands dans une tuerie. Pour Napoléon III, c'est aussi l'occasion de renforcer un pouvoir chancelant : « C'est ensuite une grande tentation de faire la guerre, que d'être assiégé à l'intérieur par un mouvement libéral et que d'être en lutte ouverte avec la partie éclairée du peuple qu'on gouverne et qu'on opprime. L'idée de distraire les esprits par la guerre et de les détourner vers l'espoir d'un agrandissement territorial n'est, hélas, que trop naturelle et nul n'ignore que ce remède à une situation difficile vient le plus souvent se placer, comme de lui-même, dans la main des gouvernements absolus. »[41]

---

[41] Cité in Édouard Dolléans, « Histoire du mouvement ouvrier », Tome I : 1830-1871 (1948), Armand Collin, 1953, P.281.

L'Empire, mal préparé, essuie défaite sur défaite. A Sedan, le gros de l'armée française est encerclé et se rend. Napoléon III est fait prisonnier. Le 4 septembre, l'Empire est renversé et la République proclamée. Un gouvernement de la Défense Nationale est déclaré et s'installe à l'Hôtel de ville. Les complices de l'Empire, les bourgeois républicains et quelques socialistes affadis détiennent le pouvoir. Officiellement, ils sont là pour poursuivre la guerre et « sauver la patrie ». La situation est critique. Un tiers du pays est occupé, la partie nord. A Metz, Bazaine, qui hait la République, reste inactif, laissant les mains libres aux Prussiens qui foncent. Paris est assiégé dès le 18 septembre. Favre envoie Thiers à la recherche d'alliés en Grande-Bretagne et en Russie, sans succès. Il revient à Tours en octobre ; dès le 31 octobre, le gouvernement n'a plus qu'une idée en tête : signer l'armistice.

Mais Paris ne l'entend pas ainsi. Le peuple de Paris ne veut pas d'armistice : un fort élan patriotique l'a gagné. Arthur Arnould exprime bien l'état d'esprit qui anime les parisiens lorsqu'il résume plus tard sa vision du siège : « En haut, trahison, incapacité, lâcheté, haine du peuple ; en bas, héroïsme, abnégation, haine des Prussiens, amour de la République, mépris profond du gouvernement. »[42].

---

[42] ARNOULD A., « Histoire populaire et parlementaire de la Commune de Paris », Ed ; Jacques-Marie Laffont et Associés à Lyon, Lyon, 1981, p.29.

Dès le 18 septembre, Paris est encerclé par 180 000 Prussiens qui décident d'affamer la population. En effet, les forces militaires de la capitale sont nombreuses, 450 000 hommes. Mais le commandant en chef de Paris, Trochu, a une confiance relative en ses hommes. En effet, les troupes régulières sont qualifiées de médiocres, et le gros des troupes est composé de bataillons de la garde nationale : 115 000 hommes venant de la province (unités régulières et gardes mobiles), et 300 000 gardes nationaux parisiens. On considère alors que ces troupes sont tout à fait aptes à organiser la défense de Paris, mais incapables de mener des opérations militaires offensives à l'extérieur de la ville. De plus, ces troupes font peur au gouvernement. La garde nationale est un héritage de la Révolution française, mais elle était tombée en désuétude pendant l'Empire. Quelle dictature en effet – quel gouvernement quelconque d'ailleurs – rêverait d'un peuple en arme ? D'autant qu'à Paris au moins, l'héritage républicain et démocratique s'est perpétré au sein de la garde nationale. Avec la guerre, Napoléon s'est vu contraint de faire appel à elle, dès le 12 août. Celle-ci, légitimée, a repris ses habitudes et rétabli l'élection des officiers et des sous-officiers, les conseils de familles et le mandat impératif; elle élabore un projet de règlement intitulé « « Des droits et des devoirs des délégués », proclamant pour les «délégués librement élus, le droit de gérer et d'administrer dans leurs Compagnies ou Bataillons respectifs tout ce qui concerne l'administration desdits Bataillons et Compagnies ». Devant les échecs militaires successifs et la volonté du gouvernement de mettre fins aux pratiques démocratiques, les militants révolutionnaires font une propagande active dans la garde qui favorise des regroupements. L'un d'eux, qui se nomme déjà « Comité central », écrit ce projet[43]. Reposant sur le mode électoral à tous les niveaux, le texte institue un contrôle permanant et une démocratie directe au sein du Comité [central d'arrondissement] : « Art. 12 : Toutes motions ou propositions émanant du Comité central devront être soumises au Comité de chaque bataillon, par les soins et diligence du Délégué qui le représente, avant d'être soumises à l'assemblée générale pour être discutée (...) Art. 14 : Tout Délégué aura le droit de contrôle journalier sur les opérations du Comité auquel il appartiendra. Chaque mois, le Comité central devra rendre compte en Assemblée générale de toutes ces opérations » Enfin le mandat impératif est clairement énoncé par l'article 11 : « les Délégués seront solidaires entre eux pour toutes les motions et propositions qui auront été approuvées par un vote, ceux de la Compagnie pour la Compagnie, ceux du Bataillon pour le Comité de Bataillon, ceux de tous les

[43] *Gavroche*, n°153, janvier-février-mars 2008, « La garde nationale fédérée de Paris (1870-71) » par Rémy VALAT et Pierre-Henri ZAIDMAN, Paris.

Bataillons pour le Comité Central » »[44].

Tout gouvernement repose sur le monopole de la violence. Dans ce cas précis, la garde nationale parisienne le lui conteste, en s'organisant de bas en haut, c'est-à-dire en assurant la direction à sa base. Elle prétend représenter une puissance de feu du peuple parisien, indépendante du gouvernement. La situation est intolérable pour ce dernier : que reste-t-il du pouvoir, en effet, si le gouvernement ne peut pas imposer ses décisions, y compris, s'il le faut, par la force ? Et la prétention de la garde nationale est prise d'autant plus au sérieux qu'à partir de novembre elle possède 200 canons, qu'elle a achetés par souscription. 200 canons appartenant à ce peuple parisien qui se méfie du gouvernement…

Très vite d'ailleurs, les conflits surgissent. La garde nationale est vaillante sous le feu, les Parisiens ne comprennent pas que Trochu temporise. Les révolutionnaires (jacobins, blanquistes et internationalistes) constituent un Comité central républicain de Défense nationale des 20 arrondissements parisiens, qui envoie une délégation rencontrer Jules Ferry, le 21 septembre, et déclare :

---

[44] ZAIDMAN P-H., « Le mandat impératif, de la révolution française à la Commune de Paris », Ed. du Monde Libertaire & Ed. Libertaire, Paris, 2007, p.68.

I- La République ne peut pas traiter avec l'ennemi qui occupe son territoire.

II- Paris est résolu à s'ensevelir sous les ruines plutôt que de se rendre.

III- La levée en masse sera immédiatement décrétée à Paris et dans les départements, ainsi que la réquisition générale de tout ce qui peut être utilisé pour la défense du pays et la subsistance de ses défenseurs.

IV- La remise immédiate entre les mains de la Commune de Paris de la Police municipale ; en conséquence, suppression de la Préfecture de police.

V- L'élection rapide des membres de la Commune de Paris. Elle se composera d'un conseiller municipal à raison de 10 000 habitants.[45]

Le gouvernement ne cède pas, mais assure la tenue d'élections… qu'il repousse à plus tard. Coté peuple, les suspicions se renforcent. Le 31 octobre, c'est l'explosion : ce même jour, les Parisiens apprennent la capitulation de Bazaine ; la défaite au Bourget, alors que 300 francs-tireurs faisaient acte de bravoure, et parce que Trochu a ordonné de battre en retraite ; et l'annonce que le gouvernement négocie l'armistice avec Bismarck, par le truchement de Thiers. Thiers, le monarchiste ! L'homme de tous les coups foireux, dont les mains, avec d'autres, sont souillées du sang des

[45] W. SERMAN, « La Commune de Paris », Ed. FAYARD, Paris, 1986. p.132.

martyrs de juin 1848 ! C'est l'émeute…l'Hôtel de ville est envahi durant quelques heures. Mais les insurgés ne sont pas prêts, et l'affaire se tasse. Reste l'avertissement, que le gouvernement ne prend pas à la légère. Il dissout les conseils de familles de la garde nationale pour nommer de nouveaux officiers, réduisant le nombre d'officiers élus. La mesure fait scandale, et n'est jamais véritablement acceptée. Mais l'heure est à la lutte contre les Prussiens. Les gardes nationaux n'ont pas dit leur dernier mot, car leur mécontentement est partagé par une population courageuse qui souffre.

Il faut imaginer Paris assiégé pour comprendre l'état d'esprit du peuple. Dès novembre, c'est une ville dans l'obscurité (l'éclairage public est supprimé le 20 novembre), qui entend le bruit des canons au loin, et voit les blessés affluer. Il fait froid, l'hiver est précoce et rude. Le bois manque. C'est une ville affamée: 50 grammes de viande par jour et par personne, 40 grammes de haricots secs. Mais la nourriture n'est pas réquisitionnée, libéralisme oblige. Du coup, les riches s'en sortent, comme toujours; ils mangent du chien, voire…les animaux du zoo de Vincennes. Pour le réveillon, les plus aisés ont leur part de Castor ou Pollux, les deux éléphants du zoo. Des bourgeois reconnaissants frappent une médaille en or, un an après, pour remercier un restaurateur : « Pendant le siège de Paris, quelques personnes ayant accoutumé de se réunir chez M. Brébant tous les quinze jours, ne se sont pas, une seule fois, aperçu qu'elles dînaient dans une ville de deux millions d'âmes assiégées 1870-1871 »[46]. Les pauvres mangent les chats, quand ils ont de la chance, les rats le plus souvent. Pas de fraternité entre classe donc : dans la souffrance les plus pauvres meurent les premiers. La mortalité augmente: entre le 19 septembre et le 28 janvier, on compte 10 375 morts de plus que l'année précédente.

Dans ce contexte, les mairies et l'administration de la garde nationale prennent une place prépondérante par les distributions de vivres et d'argent. Entre 600 000 et 900 000 personnes doivent leur survie à ces administrations. Tandis que les reproches s'accumulent contre le gouvernement qui protège la « liberté » du marché, elles sont reconnues comme les institutions fondamentales de l'organisation sociale. Aussi, autour des mairies, des comités d'alimentation, d'habillement et d'armement se constituent spontanément, hors de tout cadre officiel, pour surveiller les élus. Les conseils de familles de la garde deviennent un véritable contre-pouvoir qui s'affirme chaque jour un peu plus.

---

[46] Itinéraire n°11, « Eugène Varlin », parmi les illustre signataires ont trouve Ernest Renan, Théophile Gauthier et Edmond de Goncourt…

En janvier, la situation militaire est désespérée, et le gouvernement de Trochu semble incapable de la redresser. Les cercles blanquistes poussent à la révolution. Le 6 janvier au matin, une affiche rouge couvre les murs :

AU PEUPLE DE PARIS,

Les délégués des vingt arrondissements de Paris

Le gouvernement qui, le 4 septembre, s'est chargé de la défense nationale a-t-il rempli sa mission ? – Non !

Nous sommes 500 000 combattants et 200 000 Prussiens nous étreignent ! A qui la responsabilité, sinon à ceux qui nous gouvernent ? Ils n'ont pensé qu'à négocier au lieu de fondre des canons et de fabriquer des armes.

Ils se sont refusés à la levée en masse.

Ils ont laissé en place les bonapartistes et mis en prison les républicains.

Ils ne se sont décidés à agir enfin contre les Prussiens qu'après deux mois, au lendemain du 31 octobre. Par leur lenteur, leur indécision, leur inertie, ils nous ont conduits jusqu'au bord de l'abîme : ils n'ont su ni administrer ni combattre, alors qu'ils avaient sous la main toutes les ressources, les denrées et les hommes.

Ils n'ont pas su comprendre que dans une ville assiégée, tout ce qui soutient la lutte pour sauver la patrie possède un droit égal à recevoir d'elle la subsistance ; ils n'ont rien su prévoir : là où pouvait exister l'abondance, ils ont fait la misère ; on meurt de froid, déjà presque de faim : les femmes souffrent, les enfants languissent et succombent. La direction militaire est plus déplorable encore : sorties sans but ; luttes meurtrières sans résultats ; insuccès répétés, qui pouvaient décourager les plus braves ; Paris bombardé. Le gouvernement a donné sa mesure : il nous tue. Le salut de Paris exige une décision rapide. Le gouvernement ne répond que par la menace aux reproches de l'opinion. Il déclare qu'il maintiendra l'ORDRE, comme Bonaparte avant Sedan.

Si les hommes de l'Hôtel de Ville ont encore quelque patriotisme, leur devoir est de se retirer, de laisser le peuple de Paris prendre lui-même le soin de sa délivrance. La municipalité ou la Commune, de quelque nom qu'on l'appelle, est l'unique salut du peuple, son seul recours contre la mort. Toute adjonction, ou immixtion au pouvoir actuel ne serait qu'un replâtrage, perpétuant les mêmes errements, les mêmes désastres. Or la perpétuation de ce régime, c'est la capitulation, et Metz et Rouen nous apprennent que la capitulation n'est pas seulement encore et toujours la famine, mais la ruine et la honte. C'est l'armée et la nationale transportées prisonnières en Allemagne, et défilant dans les villes sous les insultes de l'étranger ; le commerce détruit, l'industrie morte, les contributions de guerre écrasant Paris : voilà ce que nous prépare l'impéritie ou la trahison.

Le grand peuple de 89, qui détruit les Bastilles et renverse les trônes, attendra-t-il dans un désespoir inerte, que le froid et la famine aient glacé dans son cœur, dont l'ennemi compte les battements, sa dernière goutte de sang ? – Non ! La population de Paris ne voudra jamais accepter ces misères et cette honte. Elle sait qu'il en est temps encore, que des mesures décisives permettront aux travailleurs de vivre, à tous de combattre

Réquisitionnement général
Rationnement gratuit
Attaque en masse

La politique, la stratégie, l'administration du 4 septembre, constituées de l'Empire, sont jugées.

Place au peuple !
Place à la commune !

Suivent les noms de 140 délégués, parmi lesquels : A. Arnaud, Babick, Beslay, Chatelain, Clémence, P. Denis, Dupas, Duval, Th. Ferré, Ch. et Eug.Gérardin, Genton, Goullé, Johannard, Lacord, Leverdays, A. Lévy, Lucipia, Malon, C. Martin, L. Meillet, T. Moilin, Napias-Piquet, Oudet, Parisel, Pillot, Pindy, Régère, Roselli-Mollet, Ed. Rouillier, Sapia, Tardif, Theisz, Tridon, Urbain, Vaillant, Vallès, Viard.

Les signataires sont des jacobins, des antiautoritaires (révolutionnaires ou proudhoniens), des blanquistes, tous unis pour faire un appel à la Révolution communaliste. Mais le peuple parisien n'est pas encore prêt à les suivre.

Le 22 janvier, la garde nationale, ulcérée par une énième retraite ordonnée par Trochu (le 19), refuse d'obéir au commandant en chef de la garde : le sinistre Clément-Thomas. Il s'était illustré dans la répression de la révolte ouvrière de 1848 : en pleine Révolution, le gouvernement, trouvant le peuple trop présent, avait décidé, sous les conseils de Thiers déjà, de fermer les ateliers nationaux, jetant ainsi des milliers d'ouvriers à la rue. La réouverture des ateliers nationaux avaient été une des grandes revendications des ouvriers d'alors. Provocation bien préparée: le peuple se révolte, l'armée réprime. Le pouvoir a affaibli cet acteur turbulent. C'est le divorce entre la bourgeoisie révolutionnaire et le peuple. Le 22 janvier donc, les gardes nationaux n'obéissent pas : le gouvernement envoie les troupes régulières, et l'affrontement entre soldats et gardes nationaux semble imminent. Devant l'Hôtel de ville, le gouvernement fait tirer sur la foule, et trente personnes sont tuées ou blessées. Mais une fois de plus, le peuple ne répond pas et la situation se calme. Paris est toujours assiégé, il faut battre les Prussiens.

Avec l'armistice du 28 janvier, les choses changent. Pour capituler, Paris devra verser 200 millions de francs. Les Prussiens n'ont pas demandé le désarmement de la nationale, de peur de provoquer des affrontements. Paris invaincu derrière ses murailles se sent trahi et humilié. Quatre mois de faim, de froid, 70 000 morts dans ses rangs : tout ça pour ça. L'Assemblée nationale, réunie le 12 février à Bordeaux, est favorable à la conclusion de la paix. Elle nomme Thiers, chef du pouvoir exécutif ; celui-ci signe, le 26 février, les préliminaires de la paix, qui sont ratifiés, le 1er mars, par l'Assemblée nationale. Les préliminaires de paix accordent à l'armée prussienne le droit d'entrer dans Paris ; des corps allemands, à partir du 3 mars, doivent occuper certains quartiers. Ces conditions exaspérèrent la population parisienne. « La révolte grandit au cœur de ceux qui, dans la fièvre de la défense, avaient conçu des illusions. Les classes moyennes et ouvrières souffrent de l'arrêt des affaires et du travail, qui les prive de leurs ressources quotidiennes : petits commerçants ruinés par la suspension des transactions commerciales, petits rentiers pour lesquels se pose la question des loyers, artisans et ouvriers de toutes professions, réduits à la misère, et dont beaucoup doivent se contenter de 1 fr. 50 par jour, accordés aux seuls gardes nationaux. Les historiens reconnaissent que la cause première du mouvement a été cet état d'esprit de la population :

déception et révolte. Jusqu'au 15 mars, Paris est indigné de la capitulation et de l'attitude du gouvernement de Thiers et de l'Assemblée. Devant la Commission d'enquête, Jules Ferry insiste sur « la colère extraordinaire qui suivit la déception finale » : « Au nombre des causes secondes et déterminantes de l'insurrection [47] je placerai, tout d'abord, un état moral de la population parisienne, que je qualifierai volontiers ainsi : la folie du siège... Cinq mois de cette existence nouvelle, le travail interrompu, tous les esprits tournés vers la guerre et cette lutte de cinq mois aboutissant à une immense déception, une population entière qui tombe du sommet des illusions les plus immenses que jamais population ait conçues... »[48] Ce sentiment est partagé par la garde nationale, frustrée de n'avoir été que peu sollicitée pour le combat. Dans la colère, elle prend conscience de sa force, et inquiète l'armée : « le but évident est de soustraire la garde nationale à l'action du gouvernement, et de le tourner

---

47 *Enquête parlementaire sur l'Insurrection du 18 mars*, 3 v., Versailles, 1872, t. II, p. 60 à 78 ; *Journal officiel* (19 mars-24 mai), V. Bunel, éd., 1871 ; *Procès-verbaux de la Commune*, éd. Bourgin et Henriot, t. Ier, mars-avril 1871, Paris, Leroux, 1924. Cf. G. BOURGIN : *Histoire de la Commune*, Paris, 1907; *Les premières journées de la Commune*, Paris, s. d. ; Cf. *L'Homme Réel*, mars 1934, et *La Commune* (illustrée), 432 p., Les Éditions Nationales, 1938 ; M. DOMMANGET, *Blanqui, la guerre et la Commune*, Paris, Domat, 1946; *Hommes et choses de la Commune*, Marseille, 1937 ; - LENINE, *La Commune de Paris*, Paris, 1931 ; - KARL MARX, *La Commune de Paris* ; - M. VUILLAUME, *Mes cahiers rouges*, Paris,1913-1914.

48 Cité in Édouard Dolléans, « Histoire du mouvement ouvrier », Tome I : 1830-1871 (1948), Armand Collin, 1953, P.290.

contre lui à un moment donné »[49]. 5 bataillons de trois arrondissements de la rive gauche publient une déclaration : « En 1789, nos pères vainquirent l'Europe, sans pain, sans habit, sans soulier; en 1871 nous capitulons n'ayant contre nous que la Prusse, quand nos arsenaux sont pleins d'armes et de munitions. Manquons-nous de soldats? Manquons-nous d'armes? Citoyens, Danton disait : frappez le sol du pied, il en sortira des armées. Nous disons frappez du pied et il en sortira des généraux. »[50] Cet appel est le premier acte marquant d'une coordination entre les gardes nationaux.

De son coté, le peuple affamé n'en peut plus : « pendant une dizaine de jour les masses populaires souffrent encore de la disette. Lors des premiers arrivages de denrées alimentaires, fin janvier-début février, des incidents se produisent. Des bandes affamées se ruent sur les pavillons des Halles et les pillent. Des consommateurs surexcités se disputent violemment les morceaux de lard à nouveau mis en vente dans les boutiques. A la mi-février, Belleville se plaint de ne recevoir qu'à peine la moitié des farines nécessaires à ses besoins. Les approvisionnements de la capitale ne retrouvent leur niveau à peu près normal

---

[49] Télégramme du commandant du 2° secteur du 30 janvier 1871 (AN.F 7 12666) cité in ZAIDMAN P.H., « Emile Duval, général de la Commune », Ed. Dittmar, Elbeuf, 2006, p.116.

[50] Ibid.

qu'à la fin du mois. »[51] Les ouvriers n'ont pas de travail, et les seuls revenus réguliers de bon nombre de Parisiens sont les appointements de garde national. 150 000 personnes quittent Paris, ce sont les bourgeois qui migrent en province vers des cieux plus sereins. Les bataillons de la garde issus des quartiers bourgeois sont décimés. Le parti de l'ordre a perdu 60 commandants et 50 000 hommes. La garde est alors composée de petits bourgeois, d'artisans, de commerçants, d'ouvriers et de marginaux. Paris doit aussi supporter le poids des 7500 officiers et 243 000 soldats désarmés et cantonnés dans Paris. Beaucoup n'ont pas de quoi se loger et occupent les parcs, les jardins et les rues. La tension est palpable entre ces soldats et les gardes nationaux. Certains fraternisent, ce qui n'enchante pas le gouvernement. Beaucoup sont hostiles : ils viennent du front, n'ont plus d'armes, ils ne veulent pas de la guerre à outrance revendiquée par la garde: ils veulent rentrer chez eux. Là encore, les troubles inquiètent le gouvernement. Le général Vinoy est surtout préoccupé par le rapport de force : il possède 3000 gendarmes et 12 000 hommes quand la garde nationale en compte 200 000. Celle-ci n'obéit pratiquement plus à Clément-Thomas, qui démissionne le 15 février. Les officiers élus reviennent au devant de la scène. La garde multiplie les manifestations. C'est que l'Assemblée nationale élue le 8 février est à majorité monarchiste, et l'on redoute le

[51] W. SERMAN, « La Commune de Paris », Ed. FAYARD, Paris, 1986. p.171.

renversement du régime au profit de la monarchie. C'est l'occasion de s'emparer d'armes et de munitions. Le 15 mars, le Comité central de la garde nationale est définitivement constitué. Un Comité central qui s'érige en contre-pouvoir : « Le Comité central définitivement constitué le 15 mars par la fusion entre le « comité central » et le « comité fédéral », adopte des statuts définitifs traduisant le caractère par essence démocratique de l'institution révolutionnaire[52]. Il en ressort que chaque compagnie de la garde nationale parisienne délègue un de ses membres, sans distinction de grade, à l'Assemblée générale des délégués. Les officiers des bataillons y envoient un officier élu. Les commandants en font partie de droit. Ainsi, l'Assemblée générale des délégués est composée d'un représentant par compagnie, de deux officiers, dont le commandant de chaque bataillon. La garde s'organise sur ce modèle, le bataillon à son tour forme sa propre représentation. Il devient de la sorte autonome et prend le nom de « Cercle de bataillon », constitué par des délégués de compagnie, sans distinction de grades, de l'officier et du chef de bataillon envoyés à l'Assemblée générale » (...) Le Comité central devient une sorte de commission exécutive, exprimant les sentiments de l'Assemblée générale de la Fédération

---

[52] *Il s'agit de la fusion des deux principaux regroupements des gardes nationaux*, cf. *Gavroche*, n°153, janvier-février-mars 2008, « La nationale fédérée de Paris (1870-71) » par Rémy VALAT et Pierre-Henri ZAIDMAN, Paris.

toute entière. Le système hiérarchique est assez complexe, mais l'idée d'autonomie des groupes de base reliés par un organe fédéral de bas en haut est hautement démocratique puisqu'elle repose à tous les échelons sur le principe de la représentation directe et la révocabilité des élus (...) Est ainsi clairement élaborée la tradition de la démocratie directe et du mandat impératif de la Révolution, qui doit s'appliquer non seulement dans l'institution militaire, mais également dans la sphère politique de la « Commune », qui doit être un gouvernement direct du peuple, surveillé par lui .»[53]

Thiers au pouvoir n'a qu'une idée : imposer sa loi à Paris et favoriser les riches. Il décide le paiement des arriérés des loyers qui accule les plus pauvres. Il veut surtout désarmer la garde nationale. Le 3 mars, le gouvernement avait nommé le général d'Aurelles de Paladines au commandement en chef de la garde nationale. C'est un aristocrate monarchiste qui déclare vouloir mettre de l'ordre. Cette nomination est une véritable provocation qui laisse entrevoir les projets de Thiers. Celui-ci cherche l'affrontement direct. Il négocie avec Bismarck le retour des prisonniers français pour constituer une armée capable de réprimer Paris. Mâter la capitale dans une effusion de sang est

---

[53] ZAIDMAN P-H., « Le mandat impératif, de la révolution française à la Commune de Paris », Ed. du Monde Libertaire & Ed. Libertaire, Paris, 2007, p.68

l'occasion de se débarrasser des révolutionnaires, tout en constituant une armée de métier opérationnelle. Comme l'avait prévu Bakounine, la situation de la capitale est périlleuse : les Prussiens sont là, tout près. Paris est coupé du reste de la France. Bismarck a permis à Thiers de se réarmer[54]. Celui-ci est conforté par l'appui qu'il a trouvé en province. Les parties ouvrières du Doubs et du nord de la France sont occupées. Les campagnes ont voté pour la paix. Thiers peut donc espérer les manœuvrer et isoler Paris. « M. Thiers avait une vieille recette: en février 1848, il avait proposé au maréchal Bugeaud de sortir de Paris avec l'armée, de la doubler ensuite et de rentrer à Paris avec 100 ou 150.000 hommes, de la sorte il aurait sur le peuple une victoire certaine, et ainsi il eût sauvé la monarchie. Mais le conseil ne fut pas suivi, aussi Bugeaud fut battu. -- Thiers l'avait bien dit. -- Ah ! si alors il avait eu la dictature... Mais vous voyez ce que c'est que la destinée: vingt-trois ans plus tard, il se trouve qu'il est le maître souverain, avec une recette

---

[54] *L'appui de Bismarck à Thiers contre la Commune est celui d'un vieux roublard de la politique. Il se sert de la situation pour obtenir tout ce qu'il veut lors des négociations de paix. Mais il n'en est pas moins certain : dans un télégramme, il ordonne à Von Moltke de « prendre des dispositions pour aider le gouvernement de Versailles dans sa lutte contre l'insurrection »* cité in SORIA G., « La grande histoire de la Commune de Paris », Club Diderot, Editions du centenaire, Paris, 1971, p.169. « *Le retour des prisonniers d'Allemagne permet d'accroître les effectifs de l'armée - qui passe de 55 000 à 120 000 hommes entre avril et mai - tout en opérant une sélection des officiers et des unités qui lui sont fidèles » in Gavroche*, n°153, janvier-février-mars 2008, « La nationale fédérée de Paris (1870-71) » par Rémy VALAT et Pierre-Henri ZAIDMAN, Paris.

rentrée qui lui était restée sur le cœur: vous pensez bien qu'il ne pouvait manquer d'appliquer son procédé souverain dans une si belle circonstance »[55]. Lorsqu'il donne l'ordre de retirer les canons de la garde nationale, il ne marque pas une simple volonté de désarmer celle-ci : il s'agit de la provoquer afin d'avoir un bon prétexte pour massacrer tout ce que Paris compte de révolutionnaires. Ces 200 canons, la garde les avait achetés par souscription, elle ne peut accepter qu'on les lui enlève. D'autant que l'armistice prévoyait que la garde nationale conserverait ses canons et qu'ils avaient été placés sous sa surveillance depuis le 1er mars, date d'entrée des Prussiens dans Paris. Dès lors, l'affrontement est inévitable, les bataillons de la garde nationale se préparent à l'insurrection. Les journaux de police de Thiers annoncent la guerre civile, et inventent un Paris où le sang coulerait à flots, suite à des pillages. La garde nationale cherche à négocier : « elle tenta donc, la première, une démarche d'apaisement, en faisant savoir, par intermédiaires envoyés près du gouverneur de Paris, qu'elle était prête, non pas à rendre les canons à l'Etat pour qu'il les resserrât dans ses arsenaux, mais à les déplacer et à les réunir dans un parc désigné, où ils seraient confiés tour à tour à la garde de chacun des bataillons (…)

---

55 Riviale P., Histoire de La Commune de Paris, « Les grands cimetières sous la lune ou La Commune innocentée ». La République des Lettres, http://www.republique-des-lettres.fr/10645-histoire-commune-paris.php

Admettant pour un moment que Thiers ait eu des idées de conciliation et le désir d'éviter l'effusion du sang, rien n'était donc plus facile (...) Pour quiconque connait le tempérament du peuple parisien, cette satisfaction accordée eût endormi les défiances de la majorité (...) Ce que Thiers voulait ce n'était point la restitution des canons (...) ce qu'il voulait c'était la guerre civile (...) Il comprenait, en effet, aussi bien que le parti révolutionnaire tout entier, quels avantages la situation actuelle, en se prolongeant, eût apporté à la cause de la République, de la démocratie. Il comprenait que Paris debout, c'était Thiers par terre. Il se garda donc bien de provoquer, de chercher, d'écouter de raisonnables résolutions, de même que, plus tard, sous la Commune, il repoussa froidement toutes les propositions d'arrangements présentées par certains maires et quelques conciliateurs »[56]. Le 16, de molles tentatives pour la confiscation des canons ont lieu, sans entrain, comme pour éveiller l'attention des gardes nationaux. Le 18 mars, entre 3 heures et 5 heures du matin, l'armée occupe la mairie de Belleville, se rend maîtresse du XVIII° arrondissement, et prend possession du parc d'artillerie du Château-rouge et des Buttes-Chaumont. Un bataillon entre dans Montmartre et enlève encore quelques pièces. A partir de 6 heures, les tambours battent le rappel des gardes nationaux

---

[56] ARNOULD A., « Histoire populaire et parlementaire de la Commune de Paris », Ed ; Jacques-Marie Laffont et Associés à Lyon, Lyon, 1981, p.90-91.

dans tout Paris. Le peuple, les femmes notamment, se joignent à eux pour défendre les canons. Thiers a fait poser des affiches qui annoncent clairement la couleur :

Habitants de Paris,

Nous nous adressons encore à vous, à votre raison et à votre patriotisme, et nous espérons que nous serons écoutés.

Votre grande cité, qui ne peut vivre que par l'ordre, est profondément troublée dans quelques quartiers et le trouble de ces quartiers, sans se propager dans les autres, suffit cependant pour y empêcher le retour du travail et de l'aisance.

Depuis quelque temps, des hommes malintentionnés, sous prétexte de résister aux Prussiens, qui ne sont plus dans nos murs, se sont constitués les maîtres d'une partie de la ville, y ont élevé des retranchements, y montent la garde, vous forcent à la monter avec eux, par ordre d'un comité occulte qui prétend commander seul à une partie de la garde nationale, méconnaît ainsi l'autorité du général d'Aurelle, si digne d'être à votre tête, et veut former un gouvernement en opposition au gouvernement légal, institué par le suffrage universel.

Ces hommes qui vous ont causé tant de mal, que vous avez dispersés vous-mêmes au 31 octobre, affichent la prétention de vous défendre contre les Prussiens, qui n'ont fait que paraître dans vos murs, et dont ces désordres retardent le départ

> définitif ; braquent des canons qui, s'ils faisaient feu, ne foudroieraient que vos maisons, vos enfants et vous-mêmes ; enfin compromettent la République au lieu de la défendre, car, s'il s'établissait dans l'opinion de la France que la République est la compagne nécessaire du désordre, la République serait perdue. Ne les croyez pas, écoutez la vérité que nous vous disons en toute sincérité...
>
> Paris, le 17 mars 1871.

Dans la journée, deux autres appels tentent de gagner la population et rallier des gardes nationaux; en vain! Il en vient à peine 5 à 600 sur les 20 000 escomptés. Pire, bon nombre de soldats lèvent la crosse en l'air et rejoignent les insurgés, comme le 88e bataillon de marche. Le général Lecomte lui ordonne de tirer sur la foule, ils refusent de tirer sur des femmes, des vieillards et des enfants. Le général et son État-major sont capturés. Thiers fait évacuer Paris, pour la reconquête ultérieure : c'est le choix de la guerre civile. Il a ce qu'il veut. Le 22 mai, à la veille de la semaine sanglante, il laissera d'ailleurs voir son vrai visage : « Vous pouvez compter sur ma parole, je n'y ai jamais manqué... Le Paris de la Commune n'est qu'une poignée de scélérats... Si quelques coups de canons ont été tirés, ce n'est pas par l'armée de Versailles, mais par quelques insurgés, pour faire croire qu'ils se battent, quand ils n'osent pas se montrer... Les généraux qui ont conduit l'entrée dans Paris sont de grands hommes de guerre... Je serai impitoyable : l'expiation sera complète et la justice inflexible... Nous avons atteint le but: l'Ordre, la justice, la Civilisation ont enfin remporté la victoire... Le sol est jonché de leurs cadavres; ce spectacle affreux servira de leçon. »[57]

Mais pour l'heure, Paris est aux mains des insurgés. Le général Lecomte, qui voulait tirer sur la foule, est rejoint, dans la maison qui lui sert de geôle, par un autre prisonnier : le général Clément-Thomas, l'officier le plus détesté des Parisiens. Alors la foule hystérique force la porte et tue les deux militaires.

Le Comité central de la garde nationale s'installe à l'Hôtel de ville, il est maître de Paris. Dès le lendemain, il publie une proclamation qui explicite le rôle qu'il entend jouer :

> Citoyens, vous nous avez chargés d'organiser la défense de Paris et de vos droits. Nous avons conscience d'avoir rempli cette mission. Aidés par votre généreux courage et votre admirable sang-froid, nous avons chassé ce gouvernement qui vous trahissait.
>
> A ce moment, notre mandat est expiré, et nous vous le rapportons car nous ne prétendons pas

---

[57] THIERS, 22 mai 1871 cité in Cité in Édouard Dolléans, « Histoire du mouvement ouvrier », Tome I : 1830-1871 (1948), Armand Collin, 1953, P.287.

> prendre la place de ceux que le souffle populaire vient de renverser. Préparez donc et faites de suite des élections communales et donnez-nous pour récompense la seule que nous avons espérée : le rétablissement de la République. En attendant, nous conservons au nom du peuple l'Hôtel de ville.

Le Comité Central ne veut pas du pouvoir, il entend simplement administrer les choses, le temps que le peuple s'exprime, car il est majoritairement composé de libertaires. Il veut servir le peuple, non le diriger : « Voilà le mandat que tu nous a confié; là où notre intérêt personnel commencerait, notre devoir finit; fais ta volonté. Mon maître, tu t'es fais libre. Obscurs il y a quelques jours, nous allons rentrer obscurs dans tes rangs et montrer aux gouvernants que l'on peut descendre, la tête haute, les marches de l'Hôtel de ville, avec la certitude de trouver en bas l'étreinte de ta loyale et robuste main. » [58] Tout à sa loyauté, le Comité central organise les élections le 26 mars et fait un appel solennel aux électeurs :

AUX ÉLECTEURS DE PARIS

LE COMITÉ CENTRAL Des vingt
arrondissements

[58] Comité central de la garde nationale, Déclaration du 19 mars 1871 au soir.

CITOYENS,

Provoquée par les partis monarchiques coalisés, la garde nationale de Paris a dû repousser ces provocations et accomplir une nouvelle Révolution que les députés et magistrats municipaux n'ont su ni prévenir ni empêcher.
Maître de la situation depuis quatre jours, le peuple de Paris a répondu victorieusement aux calomnies dont il est l'objet depuis si longtemps, et l'ordre n'a jusqu'ici été troublé que par ceux qui se contentent d'inscrire ce mot sur leur drapeau.
Désireux surtout de donner à la France les gages les plus sérieux de sécurité, le COMITÉ DE LA FÉDÉRATION DE LA GARDE NATIONALE, siégeant à l'hôtel de ville, s'est empressé de déclarer qu'il entendait remettre immédiatement le pouvoir administratif entre les mains d'une municipalité librement élue

En témoignage de sa sincérité, le Comité vous appelle pour aujourd'hui au scrutin.[59]

Les élections ont lieu, le Comité adresse un dernier message au peuple de Paris :

Manifeste du Comité central de la Commune

26 mars 1871

---

[59] in Le Cri du peuple, éditorial du 24 mars 1871, journal de Jules Vallès

La Commune est la base de tout État politique comme la famille est l'embryon de la société.

Elle implique comme force politique la République, seule compatible avec la liberté et la souveraineté populaire. La liberté la plus complète de parler, d'écrire, de se réunir, de s'associer, la souveraineté du suffrage universel.

Le principe de l'élection appliqué à tous les fonctionnaires et magistrats (...).

Suppression quant à Paris, de l'armée permanente. Propagation de l'enseignement laïque intégral, professionnel.

Organisation d'un système d'assurances communales contre tous les risques sociaux y compris le chômage.

Recherche incessante et assidue de tous les moyens les plus propres à fournir au producteur le capital, l'instrument de travail, les débouchés et le crédit, afin d'en finir avec le salariat et l'horrible paupérisme.

La Commune peut être proclamée…

La Commune de Paris, rencontre entre l'anarchisme et les petits enfants des sans-culottes.

« La Commune de Paris de 1871 est la plus haute marée du siècle, la plus étonnante manifestation de cette force populaire qui prend la Bastille, ramène le Roi dans Paris, assure les premiers pas de la Révolution française, saigne au champ de Mars, enlève les Tuileries, expulse le Prussien, extirpe la Gironde, alimente d'idées la Convention, les jacobins, l'Hôtel de ville, balaie les prêtres, plie sous Robespierre, se redresse au Prairial, puis s'endort vingt années pour se réveiller au canon des alliés, replonge dans la nuit, ressuscite en 1830, aussitôt enlacée remplit de soubresauts les premières années du règne orléaniste, rompt ses filets en 48, secoue 3 jours, en juin, la République marâtre, refoulée de nouveau éclate en 69, vide les Tuileries en 70, s'offre encore contre l'envahisseur, est encore dédaignée, flétrie, jusqu'au jour où elle écrase la main qui veut l'éteindre. (...) Ce flot révolutionnaire court, ininterrompu, dans notre Histoire, tantôt au grand jour, tantôt souterrain, comme ces fleuves qui s'abîment soudainement dans les gouffres ou les sables, pour reparaître bien plus formidables au soleil étonné »[60]. P.O. Lissagaray..

Le 18 mars 1871, alors que la IIIème République naissante tente de désarmer Paris, le Peuple se soulève, fusille deux généraux et entame une insurrection révolutionnaire à caractère socialiste, la première du genre. On ne peut comprendre ce formidable élan sans prendre en compte l'héritage révolutionnaire de ce peuple parisien, imprégné de l'évènement majeur débuté 82 ans plus tôt par ses aïeux : « La Révolution française fait partie intégrante de la culture des parisiens. Elle s'identifie, dans leur esprit, à la ville, à son histoire (...) le seul nom de Paris évoque le souvenir des vainqueurs de la Bastille et des sans-culottes de l'an II (...) la tradition orale entretient la mémoire du passé, peint aux couleurs de la fête révolutionnaire (...) les enfants sont élevés à entendre glorifier les Révolutions (...) Ils ne lisent pas les journaux, mais quand il y a quelque chose dans la rue, ils sortent. »[61] Le nom même de Commune fait référence à la Commune insurrectionnelle de 1792 qui

---

[60] P.O. LISSAGARAY, « Histoire de la Commune de Paris de 1871 », Pettite Collection Maspero, Paris, 1983, p.15. *Lissagaray est un journaliste qui a participé activement à la Commune de 1871.*

[61] W. SERMAN, « La Commune de Paris », Ed. FAYARD, Paris, 1986. p.73.

renverse la Municipalité et la Monarchie Constitutionnelle. La référence n'est pas neutre, la Commune de 1792 représente une tendance bien particulière de la Révolution, celle du peuple qui, du 14 juillet 1789 au 4 décembre 1793, constitue un pouvoir rival de la Convention et affirme une conception de l'organisation politique diamétralement opposée : celle de la démocratie directe. Les Communes de 1792 et de 1871 ont ceci de commun, revendiquer une société où les communes fédérés se substituent à l'Etat dans « l'administration des choses ».

Lorsque les Philosophes des Lumières avancent leur critique de la Monarchie absolue, ils tentent d'élaborer les bases d'un régime politique alternatif. En dénonçant l'arbitraire, ils ont remis en cause la légitimité d'un pouvoir émanant de Dieu. Dès lors, faut-il remettre en question le pouvoir lui même ou chercher sa légitimité ailleurs ? En se tournant vers la démocratie athénienne, des penseurs aussi variés que Diderot, Rousseau ou Montesquieu concluent que le pouvoir ne peut émaner que de la volonté collective. Mais la Démocratie athénienne ne confie pas l'avenir de la société à un gouvernement, c'est une démocratie directe où les mandatés ne sont que des exécutants contrôlés, pas même élus, mais tirés au sort[62]. Si Rousseau s'interroge en admettant que « à l'instant où le peuple se donne des représentants, il n'est plus libre »[63], les aspirations des philosophes du XVIIIème siècle sont tout autres. Tête pensante d'une bourgeoisie écartée du pouvoir et qui subit les inégalités d'une société de privilèges, elle s'indigne contre un régime qui l'opprime sans pour autant avoir confiance dans le peuple tout entier. Ainsi, sous la direction de Montesquieu, elle élabore un régime hybride, où le gouvernement tire sa légitimité de la volonté générale mais détient le pouvoir: « Le grand avantage des représentants, c'est qu'ils sont capables de discuter les affaires. Le peuple n'y est point du tout propre, ce qui est un inconvénient de la démocratie (...).

Il y avait un grand vice dans la plupart des anciennes Républiques : c'est que le peuple avait droit d'y prendre des résolutions actives (...) chose dont il est incapable. Il ne doit entrer dans le gouvernement que pour choisir ses représentants. »[64]. Contrairement à ce qui est souvent affirmé, l'idée de démocratie représentative n'est donc pas née du souci de faire participer le peuple autant que possible aux décisions,

---

[62] *Seuls les Stratèges, magistrats s'occupants des affaires militaires, étaient élus, les autres magistrats étaient tirés au sort pour éviter la corruption et limiter l'influence des citoyens les plus charismatiques.*

[63] J.J. ROUSSEAU, « Du Contrat social », Livre III, chapitre XV.

[64] C. de MONTESQUIEU, « L'esprit des Lois »1748.

mais, au contraire, le moins possible, tout en se réclamant de lui. Les leaders de la Révolution, imprégnés de ces idées, cherchent à imposer ce régime à un peuple qui prend, au pied de la lettre, les principes de liberté, d'égalité et de démocratie. Turgot et Condorcet n'admettent comme citoyens que les propriétaires, quand Camille Desmoulins, s'appuyant sur la République romaine, approuve le législateur antique pour « avoir retranché du corps politique cette classe de gens qu'on appelait prolétaires. »[65]. Robespierre, alors qu'il n'est pas encore au pouvoir, est plus nuancé et reconnaît l'usurpation que constitue la délégation de pouvoir en déclarant : « les représentants n'étaient de leur aveu même, que les mandataires du peuple, et ils se sont faits souverains, c'est à dire despotes » (1791). Il fait même sienne une revendication populaire légitime: « je veux que tous les fonctionnaires publics, nommés par le peuple, puissent être révoqués par lui (...) sans autre motif que le droit imprescriptible qui lui appartient de révoquer ses mandataires »[66](1792). La Constitution de 1793 reconnaît d'ailleurs au peuple le droit d'exercer son véto sur certaines lois, par l'intermédiaire de ses assemblées primaires. Mais, ce « compromis » bien restrictif - révélateur de l'appui indispensable que

[65] Cité in D. GUERIN, « Bourgeois et bras-nus », Ed. Les nuits rouges, Paris, 1998, p.23.

[66] Cité in C. GUILLON, « Deux enragés de la Révolution, Leclerc de Lyon et Pauline Léon », Ed. La Digitale, 1993, Baye, pp. 70-71.

constitue le peuple de Paris dans l'accession au pouvoir de la Montagne - est vite balayé par le même Robespierre, devenu tyran, dès que les circonstances le lui permettent. Il se trouve un homme pour exprimer ce que le peuple de Paris ressent confusément et défend pendant cette période, c'est l'enragé Varlet qui écrit : « la souveraineté est le droit naturel qu'ont les citoyens, dans les assemblées, d'élire sans intermédiaires, à toutes les fonctions publiques, de discuter eux mêmes des lois, de se réserver la faculté de rappeler et de punir ceux de leurs mandataires qui outrepassent leurs pouvoirs (...); enfin, circonstances particulières, [les mandataires] ne peuvent avoir force de loi, qu'ils n'aient été soumis à la sanction du souverain dans les assemblées primaires »[67]. Théâtre de cet affrontement entre partisans de la démocratie représentative et de la démocratie directe, la Révolution française est un laboratoire d'idées qui influence fortement les communeux[68] de 1871.

« Les citoyens de Paris déclarent qu'ils ne reconnaissent les députés à la Convention que comme des rédacteurs d'un projet de Constitution et

---

[67] J. VARLET, « Projet d'un mandat spécial et impératif », BN, 8°Lb[41] 109, Cité in C. GUILLON, « Deux enragés de la Révolution, Leclerc de Lyon et Pauline Léon », Ed. La Digitale, 1993, Baye, p.73.

[68] *On peut désigner les partisans de la Commune du terme « communeux », « communards » étant très péjoratif.*

administrateurs provisoires de la République »[69]. Fortes de la journée révolutionnaire de 10 août où elles prennent les Tuileries, et imposent à l'Assemblée d'emprisonner le Roi, les sections parisiennes[70] affirment leur conception de la démocratie. Dans les mois qui suivirent, les bras-nus poussent leur expérience de démocratie directe aussi loin qu'ils le peuvent. « C'est aux assemblées générales, tenues le soir, que l'on référait généralement pour toutes les questions importantes »[71] et les ténors de la Montagne, comme Robespierre, sont obligés de se déplacer dans les sections pour faire valoir leur point de vue. « La commune, issue des mouvements populaires, ne se séparait pas du peuple. Par l'intermédiaire de ses districts, de ses sections, de ses tribus, constitués comme autant d'organes d'administration, elle restait le peuple, et c'est ce qui fit la puissance révolutionnaire de ces organismes »[72]. Les sections organisent le ravitaillement, la levée des troupes pour mener la guerre, le contrôle des prix, l'acquisition des biens nationaux et bien d'autres aspects primordiaux de la vie

---

[69] déclaration de la section de la Cité, 3 novembre 1792, cité in D. GUERIN, « Bourgeois et bras-nus », Ed. Les nuits rouges, Paris, 1998, p.24.

[70] *Pour élire les députés des Etats Généraux, Paris est divisée en 48 sections. Les assemblées du Tiers Etats de ces 48 sections continuent à se réunir régulièrement tout au long de la Révolution et deviennent les assemblées générales du peuple parisien.*

[71] P. KROPOTKINE, « La grande Révolution », Ed. TOPS/H.Trinquier, Antony, 2002, p. 229.

[72] Ibid, p. 142.

quotidienne[73]. C'est que « l'état d'esprit des districts se caractérise à la fois par un sentiment très fort de l'unité communale et par une tendance non moins forte au gouvernement direct. Tout ce que la commune peut faire directement, doit être décidé par elle, sans intermédiaire, sans délégation, ou par des délégués réduits au rôle de mandataires spéciaux, agissant sous le contrôle incessant des mandants... C'est finalement aux districts, aux citoyens réunis en assemblées générales de districts, qu'appartient le droit de légiférer et d'administrer la commune »[74]. Le mandat impératif est de règle, et la Convention est considérée comme un organe de rédaction et d'enregistrement des décisions[75]. Ainsi, une délégation des sections peut-elle se permettre de parler en ces termes à la tribune de la

---

[73] *« Les bras nus surveillent les marchés, contrôle la distribution, veillent à l'application du maximum, à la suppression du pain de luxe et des pâtisseries, à entraver le marché noir, dénoncer les abus des traiteurs bouchers (...) à fabriquer l'huile, distribuer la semence (...) »* in M. DOMMANGET, « Enragés et curés rouges en 1793, Jacques Roux et Pierre Dolivier », Spartacus, Paris, mai-juin 1993, p. 86.

[74] S. LACROIX, « Actes de la Commune de Paris pendant la Révolution », T2, Paris, 1894, pp. 14-15 cité in P. KROPOTKINE, « La grande Révolution », Ed. TOPS/H.Trinquier, Antony, 2002, p. 143.

[75] *Par exemple, le 1er mai 1793, un délégué du Faubourg Saint-Antoine s'adresse à la Convention : « Depuis longtemps, vous promettez un maximum général [des prix] de toutes les denrées nécessaires à la vie (...) Toujours promettre et rien tenir (...) il est temps que le riche, que l'égoïste soit aussi, lui, républicain, et qu'ils substitue son bien à son courage (...) Voilà nos moyens de sauver la chose publique (...) si vous ne les adoptez pas, nous vous déclarons (...) que nous sommes en état d'insurrection ; dix mille hommes sont à la porte de cette salle »*, D. GUERIN, « Bourgeois et bras-nus », Ed. Les nuits rouges, Paris, 1998, pp. 57-58.

Convention : « Le peuple qui nous envoie vers vous nous a chargé de vous déclarer qu'il vous investissait de nouveau de sa confiance, mais il nous a chargé en même temps de vous déclarer qu'il ne pouvait reconnaître, pour juger des mesures extraordinaires auxquelles la nécessité et la résistance à l'oppression l'ont porté, que le peuple français, votre souverain et le nôtre, réuni dans ses assemblées primaires »[76]. Cohérente, la Commune de 1792, qui est à la fois l'émanation des sections parisiennes et des fédérés qui sont venus de provinces pour défendre la Révolution à Paris, cherche à tisser des liens avec les communes de France. Des contacts réguliers avec les grandes villes (comme Lyon, Bordeaux, Marseille) ne suffisent pas, et la Commune crée un comité de correspondance des 40 000 communes de France, le 29 avril 1793, qui précise sa pensée : « Voilà le seul Fédéralisme que veulent les habitants de Paris (...) toutes les communes de France doivent être sœurs ». Le 3 septembre 1793, elle s'adresse à elles pour créer la fédération des communes[77].

Lorsque les communeux reprennent le titre de Commune de Paris, ils ne se contentent pas du nom,

---

[76] *Déclaration devant l'Assemblée Nationale du porte parole de l'Assemblée des sections de la ville de Paris, 15 juillet 1792* cité in D. GUERIN, « Bourgeois et bras-nus », Ed. Les nuits rouges, Paris, 1998, p.28.

[77] D. GUERIN, « Bourgeois et bras-nus », Ed. Les nuits rouges, Paris, 1998, p.31.

mais adoptent un programme politique directement inspiré par leurs aînés. Dès les premiers jours de mars, le comité central de la garde nationale déclare : « le comité central a reçu un mandat impératif. Ce mandat lui interdit de laisser le gouvernement ou l'Assemblée toucher aux libertés, à la République »[78]. Défiance vis-à-vis de l'Assemblée Nationale, mise en avant du mandat impératif, les ressemblances ne s'arrêtent pas là. Dans le Manifeste de la Commune, les intentions sont claires:

> Que demande Paris ? La reconnaissance et la consolidation de la République. L'autonomie absolue de la Commune étendue à toutes les localités de France. Les droits inhérents à la Commune sont : le vote du budget communal ; la fixation et la répartition de l'impôt ; la direction des services locaux ; l'organisation de sa magistrature, de sa police intérieure et de son enseignement ; l'administration des biens communaux ; le choix et le droit permanent de contrôle des magistrats et fonctionnaires communaux ; la garantie absolue de la liberté individuelle, de la liberté de conscience et de la liberté du travail ; l'organisation de la défense urbaine et de la garde nationale ; la Commune seule chargée de surveiller et d'assurer le libre et juste exercice du droit de réunion et de publicité... Paris ne veut rien de plus... à

[78] P.O. LISSAGARAY, « Histoire de la Commune de Paris de 1871 », Pettite Collection Maspero, Paris, 1983, p.123.

condition de retrouver dans la grande administration centrale, délégation des communes fédérées, la réalisation et la pratique des mêmes principes.[79]

On abat le vieux monde: « L'unité politique, telle que la veut Paris, c'est l'association volontaire de toutes les initiatives locales (...) C'est la fin du vieux monde gouvernemental et clérical, du militarisme, du fonctionnarisme, de l'exploitation, de l'agiotage, des monopoles et des privilèges, auxquels le prolétariat doit son servage, la Patrie ses malheurs et ses désastres »[80]. La République des communeux doit être celle de la fédération des Communes libres dans lesquelles le fonctionnement doit s'accompagner de mandats impératifs, « c'est à dire précisant et limitant le pouvoir et la mission du mandataire »[81], la révocabilité de tous les élus, l'élection des fonctionnaires et de tous les chefs de la garde nationale, le contrôle permanent des instances communales par l'opinion[82]. Les références à la « grande Révolution » sont d'ailleurs omniprésentes

---

[79] « Déclaration au peuple français de la Commune de Paris », 19 avril 1871, n°170 reproduit dans « La Commune en image », petite collection maspéro, Paris, 1982, pp. 48-49.

[80] Ibid.

[81] « Manifeste du Comité central de la garde nationale », Le cri du Peuple, 27 mars 1871, cité in W. SERMAN, « La Commune de Paris », Ed. FAYARD, Paris, 1986. p. 256.

[82] W. SERMAN, « La Commune de Paris », Ed. FAYARD, Paris, 1986. p. 315

dans les débats publics[83] et l'on reprend le calendrier révolutionnaire. Entre trente-six et cinquante clubs - « qui s'inscrivent dans la tradition des sociétés populaires de la Révolution française »[84]- accueillent le peuple parisien qui vient écouter et débattre des problèmes posés par l'actualité immédiate. Loin d'être minoritaire comme on a pu l'entendre, l'élan révolutionnaire de 1871 est porté par 300 000 hommes et femmes. Les principes émanant de la Révolution française, repris par les penseurs socialistes du XIXème siècle, sont omniprésents. Les revendications communistes, prônant l'égalité sociale, s'inscrivent dans la ligne des pensées de Mably, Morelly, Roux ou Babeuf. Les principaux acteurs connus sont imprégnés de l'Histoire de la « grande Révolution » mais également le peuple qui s'exprime dans les clubs. Le schéma insurrectionnel qui voit Paris s'enflammer et appeler la Province à la suivre semble viable aux Parisiens parce qu'ils ont déjà vu trois Révolutions se déclencher ainsi[85]. Et, comme en 1793, la Commune envoie des émissaires dans les villes et les départements

---

83 Par exemple, Arnould déclare le 28 mars au soir en séance du conseil communal: « *la Convention avait toujours délibérée sous les yeux du peuple, et les montagnards allaient tous dans les clubs soumettre au peuple, ou discuter avec lui, les motions souveraines qu'ils proposaient ensuite au vote de l'assemblée souveraine* »

84 W. SERMAN, « La Commune de Paris », Ed. FAYARD, Paris, 1986. p. 292.

85 *Exemple significatif de cet état d'esprit, dans les premières discussions de conciliation menées par Clémenceau, un membre du Comité central lui répond : « La Province nous imitera. Proclamons la fédération des Communes! »*, cité in A. ZELLER, « Les hommes de la Commune », Hachette, Paris, 1969, p. 158.

pour rallier ses semblables. En mars 1871, des insurrections échouent dans plusieurs villes et la fédération des Communes ne se concrétise pas, Paris reste isolée[86]. En 1871, comme en 1793, la démocratie directe ne s'impose pas et l'Etat reprend le dessus. En 1793, la Convention manœuvre habilement des bras-nus pour les désarmer ; en 1871, les communeux se déchirent sur la question du pouvoir.

Les communeux sont sincèrement empreints des grandes idées portées par les bras-nus, mais ils n'ont pas saisi ce qui fit la force du peuple parisien dès 1789 : la permanence des sections, et la vie des assemblées générales de districts. La participation active aux décisions cruciales a entretenu la fougue révolutionnaire, et explique la résistance des bras-nus au pouvoir central. Nous ne retrouvons pas cette dynamique en 1871. L'ennemi, c'est Versailles, et le peuple parisien ne rappelle que rarement à l'ordre ses mandatés[87]. Les assemblées primaires se réunissent

---

[86] *Les Communes qui tentent de se soulever sont Lyon, Saint-Etienne, Le Creusot, Toulouse, Narbonne, Marseille. Si les Internationalistes ne sont pas les seuls à se soucier du rapport avec la Province, leurs liens organisationnels sont précieux. Bakounine et James Guillaume s'évertuent à favoriser ce mouvement. A Paris, les internationalistes forment une minorité de 43% des élus de la Commune.*

[87] *Ils se manifestent pour interdirent à Pyat de démissionner du Comité de Salut Public ou demander aux minoritaires qui ont refusé de cautionner ce Comité de continuer à assister aux séances de la Commune.*

peu[88]. Dès lors, le caractère impératif des mandats et la révocabilité des mandatés restent théoriques. Et lorsqu'une procédure de révocation est entamée, il arrive parfois que les instances communales reviennent dessus[89]. Le peuple parisien ne se désintéresse pas de la vie de la Commune, il l'exprime dans les Clubs, mais les pétitions qui émanent de leurs débats s'entassent dans les bureaux sans être réellement prises en considération. Les liens entre les élus et leurs mandants se relâchent, et la Commune finit par arrêter de faire publicité de ses séances, évitant ainsi la pression de l'opinion. Les maires prennent seuls des initiatives tandis que le peuple, spectateur et non acteur, attend les ordres. L'élan révolutionnaire de 1789 était caractérisé par l'initiative spontanée des assemblées de districts, qui permettait de réorganiser la vie de la cité, la défense de Paris, puis la levée de l'armée révolutionnaire (Bizot le regrette assez) ; les députés communeux de 1871 ne peuvent remplacer l'énergie de tout un peuple en action. Elisée Reclus, engagé comme simple garde national, se rappelle : « Ces ministres improvisés restèrent honnêtes en exerçant le pouvoir. Mais nous leur demandions autre chose (...) N'est-ce pas avec une véritable stupeur qu'on les vit continuer

---

88 *William Serman n'en relève qu'une du IV° arrondissement, le 20 mai,* W. SERMAN, « La Commune de Paris », Ed. FAYARD, Paris, 1986. p. 356.

89 *C'est le cas pour la révocation de deux délégués du XV° arrondissement, le 21 avril,* W. SERMAN, « La Commune de Paris », Ed. FAYARD, Paris, 1986. p. 356.

tous les errements des gouvernants officiels : garder tout le fonctionnarisme, en changeant simplement les hommes, maintenir toute la bureaucratie, laisser tous les gens d'octroi fonctionner dans leurs guérites et protéger chaque jour le convoi d'argent que la banque de France expédiait à Versailles. Le vertige du pouvoir et l'esprit de niaise routine les avaient saisis, et ces hommes, tenus d'agir héroïquement et de savoir mourir, eurent l'inconcevable et honteuse naïveté d'adresser aux puissances des notes diplomatiques en un style qu'eussent approuvé les Metternich et les Talleyrand. Ils ne comprirent rien au mouvement révolutionnaire qui les avait portés à l'Hôtel de ville ». Jean-Baptiste Clément constate quant à lui: « on manqua d'initiative »[90]. Dans la population comme parmi les membres élus de la Commune, les errements emplissent de doutes et d'un sentiment d'impuissance. L'incapacité de la Commune de 1871 à faire réellement vivre la démocratie directe là où elle prend sa source et son énergie, ses assemblées générales primaires, a des conséquences importantes sur la tournure que prend le mouvement révolutionnaire.

La Convention avait bien compris qu'elle ne pourrait pas atteindre le pouvoir communal sans

---

[90] Enquête sur la Commune de Paris, Ed. De la Revue Blanche, Paris, 1897, interview reproduite dans « La Commune en image », petite collection maspéro, Paris, 1982, pp. 21-33.

s'attaquer aux sections. Le 26 janvier 1794, le Comité de Salut Public écrivait à l'un de ses commissaires envoyé en Normandie: « Il s'agit moins aujourd'hui de révolutionner que de monter le gouvernement révolutionnaire »[91]. Et qu'est-ce que l'Etat s'il n'a pas le monopole de la violence ? La Convention et le Comité de Salut Public enlevèrent graduellement leur pouvoir aux sections en leur confisquant les fonctions de Police puis en leur interdisant de tenir des réunions quotidiennes. Dans son décret du 4 décembre la Convention promulgue les modalités de recrutement des fonctionnaires, ainsi « les administrateurs locaux perdaient leur qualité de mandataires désignés par en bas, tenant leurs pouvoirs d'en bas, mais devenaient les agents d'exécution du gouvernement central »[92]. La Convention su aspirer une partie des membres des sections en leur allouant des tâches de police et de justice... et des rétributions. Les éléments les plus modérés entrèrent dans les sections et les classes populaires se réfugièrent dans les sociétés populaires pour poursuivre leur résistance. Mais « les assemblées générales des sections étaient mortes, et tout le pouvoir avait passé à leurs comités révolutionnaires, qui eux-mêmes, n'étant plus élus, mais simples fonctionnaires nommés par l'autorité, n'avaient pas grande vie non

---

[91] D. GUERIN, « Bourgeois et bras-nus », Ed. Les nuits rouges, Paris, 1998, p. 178.

[92] Ibid, p.179.

plus »[93]... La vie publique était anéantie. Il n'était pas difficile ensuite d'interdire les réunions des sociétés populaires et d'entamer une répression sanglante, la terreur touchant d'abord les enragés, bien avant les « modérés ». En octobre 1794, les sociétés populaires sont interdites.

Eléments clés de la Révolution française, les assemblées primaires sont un principe non suivi d'effet, en 1871. Les délégués de la Commune se divisent devant l'urgence de la situation et l'inefficacité des mesures qu'ils prennent. Dépourvus de la force d'initiative qu'elles constituent, ils ne peuvent organiser efficacement « l'administration des choses »; absouts de leur contrôle, ils perdent de la lucidité, et nombre d'entre eux plongent dans les dérives du pouvoir. Les tendances et les hommes s'opposent. Loin des revendications populaires, ils s'enferment dans un discours ampoulé, qui tourne à l'incantation. Les plus enclins aux conceptions étatistes, souvent blanquistes, rejettent alors la faute sur le manque de centralisation, sans comprendre que c'est l'absence de décentralisation qui les a amenés là. Imprégnés, eux aussi, des influences de la Révolution française, ils proposent alors un Comité de Salut Public aux pouvoirs dictatoriaux. D'ailleurs, celui-ci, pas plus que la

[93] J. MICHELET, « Histoire de la Révolution française », Livre XVII, chapitre III.

Commune, n'a un appui populaire suffisant pour s'imposer[94]. Un autre lui succède, sans plus de poids. Refuges illusoires, les appels à la terreur et le soutien à un Comité dictatorial divisent les communeux, en pleine bataille contre les Versaillais qui avancent, et sans apporter de solutions. Ce constat amer fait dire à Louise Michel : « Si un pouvoir quelconque pouvait faire quelque chose, c'était bien la Commune, composée d'hommes d'intelligence, de courage, d'une incroyable honnêteté, et qui avaient donné d'incontestables preuves de dévouement et d'énergie. Le pouvoir les annihila, ne leur laissant plus d'implacable volonté que pour le sacrifice. C'est que le pouvoir est maudit, et c'est pour cela que je suis anarchiste ».

L'influence de la Révolution française permet de comprendre pourquoi les membres de l'Internationale, imprégnés des idées de Bakounine, ont pu jouer un rôle important dans la Commune : au-delà des cercles ouvriers qui les connaissent déjà, et qui leur font confiance, les internationalistes rencontrent les petits-fils des sans-culottes : ce peuple de Paris qui a inspiré la

---

[94] *Le Frère d'Elisée Reclus, Elie, membre de la Commune lui aussi note le mercredi 3 mai 1871 : « Désormais nous sommes à la merci d'une dictature nouvelle. Ni amis ni ennemis ne prennent au sérieux ce nouveau comité. C'est avec une moue dédaigneuse ou des haussements d'épaules qu'on a appris les noms des personnages responsables maintenant du salut de la Patrie. Grand mot pour de petite gens... »* in R. GONOT, « Elie Reclus, la Commune de Paris au jour le jour », Ed. Séguier, Paris, 2000, p.112 .

pensée anarchiste semble renaître devant eux. Et le peuple parisien se reconnaît tout naturellement dans le discours des internationalistes, qui rejoint les valeurs que leurs aînées leur ont léguées par la transmission orale. Cette osmose se manifeste dans le caractère profondément libertaire qui transpire des déclarations de la Commune, alors que les anarchistes y sont minoritaires.

COMMUNE DE PARIS

Les antiautoritaires durant la Commune.

Quel est le rôle des anarchistes au sein de la Commune ? Il est difficile de répondre à cette question. Rares sont les militants d'alors qui se revendiquent anarchistes. Les amis de Bakounine se définissent comme « collectivistes antiautoritaires et révolutionnaires » ou en tant que « communistes antiautoritaires ». Proudhon avait bien déclaré « je suis anarchiste » mais les Proudhoniens ne reprennent que rarement l'épithète. De plus, ils ne forment pas un groupe homogène : Tolain est député et se détache de la Commune, mais d'autres en sont des militants actifs, comme Courbet. Vallès lui-même ne cache pas l'influence du « père de l'anarchie » sur ses idées. Enfin, face à la situation concrète, certains communeux prennent le parti de la voie antiautoritaire plutôt que celle de la dictature. Des personnalités se découvrent des vocations, et agissent dans le sens des idées libertaires, alors qu'ils ne faisaient pas partie d'un courant de pensée particulier, c'est le cas pour Arthur Arnould par exemple.

Il faut donc revoir notre question et comprendre quelles sont les forces qui agissent dans le sens des idées antiautoritaires et socialistes au sein de la Commune.

Incontestablement, l'Internationale est une force majeure de ce courant. Nous l'avons dit, elle est, en France, et dans les sections parisiennes tout particulièrement, dominée par le courant proche de Bakounine. Varlin, Pindy, Gustave Lefrançais et Malon en sont les figures de proue. Toutefois, d'autres courants minoritaires sont également présents dans l'Internationale à Paris. La minorité proudhonienne est facilement assimilable. Elle n'optait pas pour le travail syndical et l'objectif révolutionnaire : la Révolution est en train de se faire et, désormais, l'urgence est plus de réorganiser le travail que de combattre le patron. Les divergences qui l'opposaient à la tendance collectiviste se sont donc estompées. Celle-ci cherche à faire avancer les idées socialistes prudemment, pour ne pas rompre l'unité communale. Les coopératives ouvrières sont donc d'actualité. Il existe aussi un courant autoritaire dans l'Internationale. Une minorité de blanquistes avait adhéré et refusait l'ordre donné par Blanqui de ne pas participer au congrès de Genève (et donc de se mettre en retrait de l'activité de l'Internationale). Dommanget la dénomme : « Les blanquistes libres ». Ils sont toujours là, et acceptent l'idée de mandat impératif[95]. Cela explique le ralliement à la minorité d'un blanquiste comme Tridon. Cela explique aussi qu'un nombre important d'internationalistes membres de la Commune, comme Vaillant, reste dans la majorité[96]. Et l'on peut se demander quelle aurait été l'attitude de Duval s'il n'était pas mort prématurément. Les marxistes sont ultra-minoritaires à Paris. C'est certainement une des causes du mépris de Marx pour les Français, ainsi que de ses convictions pro-prussiennes au début de la Commune[97]. Il a cependant deux émissaires de qualité à Paris : Léo Frankel et Elisabeth Dmitrieff. Leur attitude spontanée lors de la Commune ne se différencie pas de celle des autres militants internationalistes. Cest également le cas de son correspondant officiel, Auguste

---

[95] *Il convient de consulter à ce sujet l'excellent ouvrage de* ZAIDMAN P-H., « Le mandat impératif, de la révolution française à la Commune de Paris », Ed. du Monde Libertaire & Ed. Libertaire, Paris, 2007, p.57-64.

[96] *Nous reviendrons sur la division entre la majorité des membres de la Commune qui veut instaurer un Comité de Salut Public et la minorité qui le refuse.*

[97] *Voilà ce que disait Marx au début des évènements : « Je t'envoie Le Réveil ; tu y verras l'article du vieux Delescluze ; c'est du plus pur chauvinisme. La France est le seul pays de l'idée... (c'est-à-dire de l'idée qu'elle se fait d'elle-même...). Les Français ont besoin d'être rossés. Si les Prussiens sont victorieux, la centralisation du pouvoir de l'État sera utile à la centralisation de la classe ouvrière allemande. La prépondérance allemande, en outre, transportera le centre de gravité du mouvement ouvrier européen de France en Allemagne »* KARL MARX-FR. ENGELS, Briefwechsel, Band 4, Berlin 1931, p. 339.

Serraillier, où son positionnement ne joue un rôle important que dans les divisions internes que connaît la Fédération parisienne de l'Internationale, à la veille de la Commune[98].

La garde nationale est également un acteur important de la Commune : « parmi les formes de sociabilité populaire, il importe de ne pas négliger celles qui se constituent autour de la garde nationale, véritable épine dorsale de la Commune de Paris et lieu de rencontre et de convivialité fonctionnant de manière quasi permanente. »[99] C'est la seule institution qui applique réellement les principes de la démocratie directe dans leur intégralité. A tous les échelons, ses officiers sont mandatés et révocables. Les assemblées générales sont fréquentes et l'on peut véritablement parler d'un fonctionnement de bas en haut, en son sein. Le 18 mars, le Comité central avait le pouvoir et aurait pu le conserver mais il déclare : « Nous n'avons pas mandat de gouvernement » et le remet dans les mains du peuple. C'est que la garde nationale est l'émanation du peuple parisien. Serman, malgré son parti-pris, l'exprime clairement : « La république que l'on réclame, la belle, la bonne, la République

---

[98] *A propos de la section parisienne de l'Internationale pendant la Commune, il faut se référer à* ROUGERIE J. « L'AIT et le mouvement ouvrier à Paris pendant les évènements de 1870-1871 » in « 1871, Jalons pour une histoire de la Commune de Paris », ss la d. ROUGERIE J., Ed. Van Gorcum & Comp. B.V. – ASSEN, 1973.

[99] MILZA P., « L'année terrible », Perrin, Paris, 2009, p.244.

démocratique et sociale, devrait, en somme, institutionnaliser l'anarchie déjà établie à Paris, en renonçant à gouverner les hommes pour se contenter d'administrer les choses, sous le contrôle permanent des citoyens. Au moment où semblent se réaliser ses espoirs d'émancipation, le peuple de Paris n'a aucune envie de retomber sous la tutelle d'un quelconque gouvernement, fût-il républicain. Il ne songe ni à conquérir ni à exercer le pouvoir, mais bien plutôt à le supprimer radicalement, à empêcher le rétablissement d'une autorité urbaine, d'émanation communale ou nationale, qui prétendrait imposer sa volonté aux citoyens, au risque d'attenter à leur liberté d'existence même. C'est pourquoi le Comité central de la garde nationale, fidèle interprète des aspirations populaires, refuse de se transformer en gouvernement révolutionnaire provisoire (...) La majorité libertaire du Comité central n'a pas subi [l'influence de Blanqui], ni celle des jacobins. L'idée d'une dictature révolutionnaire, même temporaire, lui est étrangère. Sa stratégie est purement défensive, avec un seul objectif : l'autonomie administrative du peuple parisien. Il convient d'insister sur ce point. En quête d'une sorte de démocratie autogestionnaire, la plupart des membres du Comité central établissent une distinction catégorique, arbitraire et beaucoup trop radicale – mais fondamentale dans leur système de pensée et lourde de conséquences sur la suite des évènements – entre l'administration et le gouvernement. »[100]

Les élus de la Commune se partagent entre différentes tendances. Le Peuple parisien a désigné des opposants à l'Empire venus d'horizon divers. Les ouvriers en représentent un tiers et sont souvent issus de l'Internationale. Le reste est composé d'artisans, commerçants et membres des professions libérales (notamment journalistes). Trois tendances donc, des républicains jacobins et des socialistes blanquistes qui ont une conception autoritaire du pouvoir communal. Ils acceptent l'idée du mandat impératif, mais dans les faits, ils voient la Commune comme une assemblée législative et exécutive. Une dernière tendance antiautoritaire voit le jour. Elle rassemble la plupart des internationaux et des personnalités indépendantes, comme Vallès et Arnould, qui sont attachées au mandat impératif, dans sa véritable signification. Ce sont les défenseurs de ce que l'idée communaliste porte au départ en elle : une société autogérée dont la commune est la cellule de base ; le conseil de la Commune n'est alors qu'un organe de représentants élus et révocables, qui sont là pour appliquer les choix du peuple souverain, un organe d'exécution et de coordination, en somme. Cette minorité s'oppose aux dérives autoritaires du pouvoir communal, allant

100 W. SERMAN, « La Commune de Paris », Ed. FAYARD, Paris, 1986. p.131-132.

jusqu'à signer un manifeste contre le Comité de Salut public quand la situation devient intenable.

Enfin, nous ne pouvons pas passer sous silence le rôle des femmes dans la Commune de Paris. Tous les auteurs soulignent leur implication. « C'est en parlant de la communarde que le correspondant du Times écrivait: « Si la nation française ne se composait que de femmes, quelle terrible nation ce serait » »[101]. La plupart sont ouvrières et issues des rangs de l'Internationale. Si les proudhoniens avaient conservé la misogynie de leur mentor, la nouvelle génération représentée par Varlin n'avait eu de cesse de les inciter à s'organiser. D'une façon générale, les antiautoritaires accueillent chaleureusement leur participation: ainsi Vallès avait-il salué leur entrée dans l'arène politique dans les dernières années de l'Empire : « Des femmes partout. Grand signe. Quand les femmes s'en mêlent, quand la ménagère pousse son homme, quand elle arrache le drapeau noir qui flotte sur la marmite pour le planter entre deux pavés, c'est que le soleil se lèvera sur une ville en révolte »[102]. Elles avaient pris une place importante dans l'Internationale parisienne, à l'instar

---

[101] Chapitre de Hommes et choses de la Commune de Maurice Dommanget (Éditions de la Coopérative des Amis de l'"École Émancipée", sans date, vers 1937), version revue et augmentée, mais expurgée des notes, d'un article publié dans L'École émancipée et L'Ouvrière, 26 mai 1923. http://bataillesocialiste.wordpress.com/2010/03/03/les-femmes-pendant-la-commune-1/

[102] Cité in MILZA P., « L'année terrible », Perrin, Paris, 2009, p.211.

d'une Nathalie Le Mel qui, avec Varlin, a créée, en 1868, « la Marmite », un réseau de restaurants coopératifs qui fournit à manger à 8000 adhérents tout au long du siège. Elle initie, avec Elisabeth Dmitrieff, le Comité central de l'Union des femmes pour la défense de Paris et les soins aux blessés : « Les principes qui animaient le Comité étaient ceux de la Révolution sociale et du socialisme le plus radical. Ces femmes acclamaient la "République universelle", la "rénovation sociale absolue", "l'anéantissement de tous les rapports juridiques et sociaux existants", "la suppression de tous les privilèges, de toutes les exploitations, la substitution du règne du travail à celui du capital, en un mot l'affranchissement du travailleur par lui-même". Elles considéraient Paris comme portant "le drapeau de l'avenir", voyaient dans la guerre contre Versailles "la lutte gigantesque contre les exploiteurs coalisés" et s'affirmaient convaincues que la Commune représentait les « principes internationaux et révolutionnaires des peuples » »[103]. Bien que les élections ne leur aient pas été ouvertes, les internationalistes donnent des responsabilités aux femmes au sein des mairies. Dans les actes, leur participation est une avancée majeure dans le combat féministe en général, et pour la place des femmes dans le courant socialiste. Mais leur rôle ne s'est pas cantonné à ce combat spécifique : « Elles s'auto-

[103] Ibid

organisent en associations. Elles mettent en place de nombreuses coopératives. Beaucoup d'entre elles étant dans l'enseignement, elles montent des écoles libres et laïques pour les filles, et mettent en place de nouvelles pédagogies alternatives. Elles se montrent parmi les plus actives au sein des Comités de quartiers. Quand il faut agir, elles sont là. Enfin elles n'ont de cesse de prendre part aux débats, et s'avèrent souvent porteuses des idées les plus avancées. En un mot, quelles que soient leurs positions politiques, elles sont parmi ceux qui incarnent au mieux l'esprit libertaire, l'anarchisme. »[104] Le comité avait de multiples activités : « Le Comité publiait des manifestes et organisait des réunions publiques dans tous les arrondissements. A la date du 6 mai, il tenait sa dix-huitième réunion publique. Il se proposait de faire fonctionner des fourneaux et des ambulances, de recevoir des dons soit en argent, soit en nature, destinés aux blessés, aux veuves et aux orphelins. Il organisait, à cette fin, des permanences dans les mairies. Tout en poursuivant cette besogne d'entraide et de solidarité, il n'oubliait pas le travail de revendication, d'éducation et de combat. C'est ainsi qu'il réclama des armes et s'occupa, d'accord avec la Commission de Travail et d'Échange dont Léo Frankel était le délégué de « l'organisation du travail des femmes à Paris » et de la « constitution des chambres syndicales et fédérales de travailleuses

[104] http://chipluvrio.free.fr/gdes%20femmes/gdes-femmes4-2.html

unies » sur la base des « sections de métier » »[105]. Autre militante anarchiste qui participe activement à la Commune, Victorine Brocher est une militante influente dans l'Internationale parisienne, proche de Varlin. Louise Michel est alors blanquiste, mais elle se fond dans l'action aux cotés d'André Léo, qui entretient des liens avec les amis de Bakounine (et finit par prendre comme compagnon Benoit Malon). Elles créent le Comité de vigilance des citoyennes de Montmartre, d'où provient la demande de suppression de la prostitution entérinée par la Commune. De façon générale, les femmes de la Commune constituent un élément radical qui participe à la dimension révolutionnaire du projet communal. Elles luttent contre les prises de pouvoir et les querelles qui les accompagnent. Elles incitent au combat et y prennent part. Elles participent aux débats dans les clubs, et produisent des articles dans les journaux communeux, à chaque fois dans un sens révolutionnaire. Ce n'est donc pas un hasard si les Versaillais se sont acharnés sur ces femmes lors de la répression et si elles suscitèrent tant de haine qu'un Alexandre Dumas fils a pu en arriver à écrire : « Nous ne dirons rien de leurs

---

[105] Chapitre de Hommes et choses de la Commune de Maurice Dommanget (Éditions de la Coopérative des Amis de l'"École Émancipée", sans date, vers 1937), version revue et augmentée, mais expurgée des notes, d'un article publié dans L'École émancipée et L'Ouvrière, 26 mai 1923.

http://bataillesocialiste.wordpress.com/2010/03/03/les-femmes-pendant-la-commune-1/

femelles par respect pour toutes les femmes, à qui elles ressemblent quand elles sont mortes. » Cette haine, c'est la haine d'une société phallocrate remise en cause dans ces fondements. Mais c'est aussi la haine du capital et de l'Etat face à leur négation la plus complète.

Bien évidemment, il ne faut pas imaginer ces forces antiautoritaires cloisonnées les unes des autres. C'est l'exercice de l'analyse qui nous pousse à schématiser. Brocher est une femme internationaliste. Varlin est un membre de la Commune et de la garde nationale. Ainsi de suite. Mais chacune de ces forces opère sur un terrain spécifique et intervient à sa façon sur la réalité communale.

Au soir du 18 mars, Varlin pense que la Révolution arrive trop tôt, les ouvriers ne sont pas prêts. Le 25 mars, il confie à l'envoyé des sections suisses de l'Internationale « qu'il ne s'agissait pas d'une révolution internationale ; que le mouvement du 18 mars n'avait d'autre but que la revendication des franchises municipales de Paris, et que ce but était atteint ; que les élections étaient fixées au lendemain 26, et qu'une fois le conseil municipal élu, le Comité central résignerait ses pouvoirs et tout serait fini »[106]. Mais la Révolution

---

[106] Propos de Jacot rapporté par GUILLAUME J., « L'Internationale, documents et souvenirs », Ed. Gérard Lebovici, Tome 1, livre 3, France, 1985, p.133-134.

est là, et il faut faire avec. Le premier objectif est de réorganiser l'Internationale et lui donner une voix propre. La tâche est immense : les procès, la répression et la guerre ont totalement disloqué l'Internationale. A Paris, entre fin 1870 et février 1871, elle se divise sur la marche à suivre. Les proudhoniens, les blanquistes et les marxiens (notamment Serraillier) conteste le conseil fédéral. Un moment, il existe deux conseils fédérals avant que l'entente ne revienne, au moment des élections du 8 février. Combien compte-t-elle d'adhérents cette Internationale parisienne ? Les estimations varient selon que l'on parle des adhésions collectives des sociétés ouvrières ou des militants réels. En 1870, les estimations les plus basses parlent de 200 000 « adhérents » et 1250 militants. Il faut donc compter sur quelques centaines de militants aguerris et un auditoire bienveillant de 30 000 ouvriers à Paris[107]. Mais comment se faire entendre et comment renouer les liens dans la tourmente ? Première mesure, reconstituer le bureau de la fédération parisienne et prendre une position. Le 24 mars, c'est fait :

Travailleurs,

Une longue suite de revers, une catastrophe

---

[107] ROUGERIE J. « L'AIT et le mouvement ouvrier à Paris pendant les évènements de 1870-1871 » in « 1871, Jalons pour une histoire de la Commune de Paris », ss la d. ROUGERIE J., Ed. Van Gorcum & Comp. B.V. – ASSEN, 1973, p.10.

qui semble devoir entraîner la ruine complète de notre pays, tel est le bilan de la situation créée en France par les gouvernements qui l'ont donnée...

Avons-nous perdu les qualités nécessaires pour nous relever de cet abaissement ?

Les derniers événements ont démontré la force du peuple de Paris ; nous sommes convaincus qu'une entente fraternelle démontrera bientôt sa sagesse.

Le principe d'autorité est désormais impuissant pour rétablir l'ordre dans la rue, pour faire renaître le travail dans l'atelier, et cette impuissance est sa négation.

L'insolidarité des intérêts a créé la ruine générale, engendré la guerre sociale. C'est à la liberté, à l'égalité, à la solidarité qu'il faut demander d'assurer l'ordre sur de nouvelles bases, de réorganiser le travail qui est sa condition première.

Travailleurs,

La révolution communale affirme ses principes, elle écarte toute cause de conflit dans l'avenir. Hésiterez-vous à lui donner votre sanction définitive ?

L'indépendance de la Commune est le gage d'un contrat dont les clauses librement débattues feront cesser l'antagonisme des classes et assureront l'égalité sociale.

Nous avons revendiqué l'émancipation des travailleurs, et la délégation communale en est la garantie, car elle doit fournir à chaque citoyen les moyens de défendre ses droits, de contrôler d'une manière efficace les actes de ses mandataires chargés de la gestion de ses intérêts, et de déterminer l'application progressive des réformes sociales.

L'autonomie de chaque commune enlève tout caractère oppressif à ses revendications et affirme la République dans sa plus haute expression.

Nous avons combattu, nous avons appris à souffrir pour notre principe égalitaire, nous ne saurions reculer alors que nous pouvons aider à mettre la première pierre de l'édifice social.

Qu'avons-nous demandé ? L'organisation du crédit, de l'échange, de l'association afin d'assurer au travailleur la valeur intégrale de son travail

L'instruction gratuite, laïque et intégrale.

Le droit de réunion et d'association, la liberté absolue de la presse, celle du citoyen.

L'organisation au point de vue municipal des services de police, de force armée, d'hygiène, de statistique, etc.

Nous avons été dupes de nos gouvernants, nous nous sommes laissés prendre à leur jeu, alors qu'ils caressaient tour à tour les factions dont l'antagonisme assurait leur existence.

Aujourd'hui, le peuple de Paris est clairvoyant, il se refuse à ce rôle d'enfant dirigé par le précepteur, et dans les élections municipales, produit d'un mouvement dont il est lui-même l'auteur, il se rappellera que le principe qui préside à l'organisation d'un groupe, d'une association, est le même qui doit gouverner la société entière, et, comme il rejetterait tout administrateur, président imposé par un pouvoir, en dehors de son sein, il repoussera tout maire, tout préfet imposé par un gouvernement étranger à ses aspirations. »[108]

Manifeste adopté par les délégués de la Chambre fédérale des sociétés ouvrières et par les délégués des sections parisiennes de l'Internationale

A l'exception de Varlin, qui était membre du Comité central de la garde nationale, l'Internationale n'avait pas pris position jusqu'alors. Par ce manifeste, les militants entendent appuyer la démarche du Comité central et donner « au mouvement communiste un programme, des lignes directrices. L'Internationale parisienne n'avait été en aucune façon à l'origine du mouvement ; elle avait même craint de s'y compromettre ; mais le 23 mars les internationaux tentent d'incliner le mouvement communaliste dans le sens de leurs croyances. Dans la mesure où le tumulte des circonstances le leur permet, ils voudraient colorer d'une teinte plus précise et nettement socialiste les nuances assez incertaines de l'arc-en-ciel que crée la diversité des tendances parmi les hommes de la Commune »[109] Ils comprennent bien la situation : l'idée communale, en vague déferlante, emporte l'adhésion

---

[108] Cité in Édouard DOLLEANS, « Histoire du mouvement ouvrier », Tome I : 1830-1871 (1948), Armand Collin, 1953, P.295.

[109] Ibid, p.296

du plus grand nombre, mais rien n'est prêt pour en appliquer les principes. En effet, les sociétés ouvrières ont une existence toute relative, dans un Paris où la guerre et le siège ont privé les ouvriers de travail. Les Internationalistes arrivent à les réactiver au cours du mois d'avril, mais les évènements de mai stoppent la dynamique. Les districts de la Révolution française – ces assemblées de quartiers qui se réunissaient régulièrement et prenaient des décisions qu'elles portaient à ceux qu'elles considéraient comme les mandants du peuple français, les députés de la Convention- n'existent plus. Dans le projet communaliste, les ordres doivent venir d'en bas. Qui peut bien donner les ordres dans ces conditions ? Il faut reconstituer les districts et réorganiser les sociétés ouvrières pour qu'elles instaurent la véritable démocratie sur les lieux de travail.

Les internationalistes appellent à la reconstitution des districts. En vain. Ils s'évertuent également à favoriser la réorganisation du travail, mais il faut du temps. Dans l'urgence, restent la garde nationale et les clubs. La garde est à l'origine du soulèvement, elle est la voix d'une partie importante du peuple parisien et elle se charge, fonction essentielle dans la circonstance, de la défense de Paris. Les internationaux s'investissent donc dans la garde, comme simple soldat tel Elisée Reclus, comme lieutenant tel Pindy, comme chef de bataillon tel Varlin, au Comité central tel Arnaud ou Avoine fils. L'Internationale donne à la garde plus de 100 officiers ou sous-officiers, 13 commandent un bataillon et 6 une légion, 70 remplissent des fonctions de délégués, 11 siègent au Comité central.

Ils participent également aux Clubs qui pullulent et qui sont les lieux où le peuple communeux vient débattre. Le club de la Révolution sociale aux Batignolles est un de leur fief, avec le club Michel. Les femmes sont majoritaires dans le Club de la Délivrance, le Club Lambert de Vaugirard et celui de Notre-Dame-de-la-Croix. C'est dans ces clubs que les idées s'expriment et que les revendications naissent. Mais la Commune ne tient que rarement compte de ce qu'ils réclament. Si bien qu'ils restent cantonnés au rôle de tribune : le peuple ne décide pas, il réclame. Difficile dans ces conditions d'instaurer une dynamique propre à donner vie à la démocratie directe.

Pour se faire entendre, il faut également compter sur la presse. L'Internationale n'a pas d'organe fédéral propre. Elle cherche à en constituer un, mais n'y arrive pas. Dès octobre 1870, cette grave carence est constatée et les internationalistes cherchent à y pallier en se déployant dans les Compagnies des « trente sous » et dans les comités de vigilance. Seules les sections de Bercy et d'Ivry possèdent un hebdomadaire commun :

La Révolution politique et sociale. La garde nationale n'a pas plus d'organe de presse propre. Sous l'impulsion de Arnold, Lacord et Moreau, elle lance La Fédération républicaine de la garde nationale, Organe du Comité central, mais un seul numéro paraît (le 15 avril). Il faut donc compter sur les journaux qui existent : ils sont tenus par des jacobins ou des blanquistes... A l'exception d'un, mais de poids : *Le cri du Peuple* de Vallès, qui tire à 100 000 exemplaires et devient le journal officieux de la Commune. Reste que la voix des antiautoritaires reste faible au regard de leur investissement concret dans la cause communale. Ceci explique cela.

Les militants de l'AIT investissent les mairies, ils contrôlent entièrement celles des Ier, IIe, Xe, XIe, XIIIe, XIVe et XVIIe arrondissements, ainsi qu'une partie des services municipaux des mairies du IIIe, IVe, XIIe, XIXe et XXe arrondissements. Ils s'occupent des cantines et des fourneaux économiques, des œuvres d'assistance, de l'armement et de l'équipement des gardes nationaux, des questions relatives au travail et à l'enseignement. « Ils peuplent les bureaux des finances, de l'Octroi et de l'Intendance, où beaucoup exercent des fonctions de percepteurs, receveurs, caissiers principaux ou chefs de la comptabilité. Les chemins de fer et la voirie sont placés sous l'administration des internationalistes, et plusieurs grands services publics ont un membre de l'AIT pour directeur : Debock à l'imprimerie nationale, Camélinat à la Monnaie, Mélin aux abattoirs de La Villette, Mouton à la prison de Mazas (puis à celle de Saint-Lazare), Avrial à l'Artillerie, Beauchery au magasin central d'habillement, chacun étant entouré d'une équipe de militants ouvriers. A tous les niveaux, les tâches pratiques de la vie quotidienne absorbent l'activité de la plupart de ces militants, qui délaissent les réunions des comités de vigilance et ne fréquentent les clubs que par intermittences »[110] Il faut ajouter la présence précieuse de Elie Reclus à la Bibliothèque Nationale qui s'oppose à la destruction des ouvrages dans les derniers jours[111]. C'est leur activité et leur compétence qui explique, en grande part, les réussites de la gestion communale dans les secteurs qu'ils investissent. L'œuvre de la Commune leur doit beaucoup : la pratique autogestionnaire qu'ils ont acquise au sein de l'AIT est précieuse. En effet : « Thiers a vidé Paris de tous ses organes administratifs. Les militants ouvriers comprennent que la tâche immédiate qui s'impose à eux est de faire fonctionner normalement les services d'une administration dématée. Et ils se mettent courageusement à l'œuvre »[112]

---

110 W. SERMAN, « La Commune de Paris », Ed. FAYARD, Paris, 1986. p.285.

111 *Le journal d'Elie, frère d'Elisée, vient d'être réédité* RECLUS E., « La Commune de Paris au jour le jour », Ed. Lo Trebuc, Orthez, 2010.

112 Édouard Dolléans, « Histoire du mouvement ouvrier », Tome I : 1830-1871 (1948), Armand Collin, 1953, p.297.

Ainsi en va-t-il des Finances, secteur clé quand on sait que le chômage provoqué par la guerre a paupérisé la population. Les salaires de la garde nationale et ceux des employés sont d'une importance vitale pour beaucoup de foyers. « C'est grâce à Varlin, à Jourde et aux autres internationaux que la machine administrative de Paris peut fonctionner avec 10 000 employés, alors qu'auparavant elle en exigeait 60 000. »[113] Les Finances s'emploient aussi à aider les indigents, et distribuent des vivres gratuitement ou à bas prix pour les classes populaires. Les chefs de services nommés sont pour la plupart des militants aguerris de l'Internationale. C'est le cas de Durand, Combault et Bastelica (accouru de Marseille) et du vieux Charles Beslay. Ces militants s'évertuent à limiter le budget de la Ville, pour dégager de l'argent en vue de crédit, afin que les ouvriers puissent monter des coopératives ouvrières.

Même constat dans les services publics : « Aux Postes, Theisz, l'organisateur de la Chambre fédérale des sociétés ouvrières, a trouvé le service désorganisé, les bureaux divisionnaires fermés, les timbres cachés ou emportés, le matériel (cachets, voitures) détourné, la caisse mise à sec. Des affiches apposées dans les salles et les cours ordonnent aux employés de se rendre à Versailles, sous peine de révocation. Grâce à l'aide de

---

[113] Ibid, p.298.

quelques employés socialistes, Theisz réorganise, en quarante-huit heures, la levée et la distribution des lettres pour Paris »[114] Il faut également s'occuper des services communaux : « Avec le concours des employés restés en place et de quelques ingénieurs ralliés à la Commune, la commission des Services publics et son délégué, Jules Andrieu, pourvoient à l'entretien de la voirie, des égouts, des canalisations d'eau, des cimetières. Sous leur impulsion, les services techniques de la Ville de Paris assurent à peu près normalement leur mission »[115].

Tout naturellement, c'est dans la commission du Travail et de l'Echange que l'influence de l'Internationale est la plus grande. C'est Léo Frankel qui la préside, assisté de Malon, Thiesz, Avrial, Dupont, Frankel, Puget et Gérardin. Sa mission constitue un large programme : « l'étude de toutes les réformes à introduire, soit dans les rapports des travailleurs - hommes et femmes - avec leurs patrons, la révision de Code du Commerce, des tarifs douaniers, la transformation de tous les impôts directs et indirects, l'établissement d'une statistique du travail »[116] Sous son influence, la Commune adopte un texte essentiel qui concerne les « franc fileurs », les patrons qui ont fui

---

[114] Ibid.

[115] W. SERMAN, « La Commune de Paris », Ed. FAYARD, Paris, 1986. p.353.

[116] Édouard Dolléans, « Histoire du mouvement ouvrier », Tome I : 1830-1871 (1948), Armand Collin, 1953, p.299.

Paris, le 16 avril :

La Commune de Paris,

Considérant qu'une quantité d'ateliers ont été abandonnés par ceux qui les dirigeaient afin d'échapper aux obligations civiques et sans tenir compte des intérêts des travailleurs.

Considérant que, par la suite de ce lâche abandon, de nombreux travaux essentiels à la vie communale se trouvent interrompus et l'existence des travailleurs compromise.

Décrète :

Les chambres syndicales ouvrières sont convoquées à l'effet d'instituer une commission d'enquête ayant pour but :

1) De dresser une statistique des ateliers abandonnés, ainsi qu'un inventaire de l'état dans lequel ils se trouvent et des instruments de travail qu'ils renferment.

2) De présenter un rapport établissant les conditions pratiques de la prompte mise en exploitation de ces ateliers, non plus par les déserteurs qui les ont abandonnés, mais par l'association coopérative des ouvriers qui y étaient employés.

3) D'élaborer un projet de constitution de ces sociétés coopératives ouvrières.

4) De constituer un jury arbitral qui devra statuer, au retour desdits patrons, sur les conditions de la cession définitive des ateliers aux sociétés ouvrières et sur la quotité de l'indemnité qu'auront à payer les sociétés aux patrons.

> Cette Commission d'enquête devra adresser son rapport à la commission communale du Travail et de l'Echange, qui sera tenue de présenter à la Commune, dans le plus bref délai, le projet de décret donnant satisfaction aux intérêts de la Commune et des Travailleurs. »[117]

On le constate, comme elle n'a pas touché à la Banque de France, la Commune ne s'attaque pas à la propriété privée. Elle considère que ce sont des décisions qui doivent appartenir à la fédération des Communes libres de la Nation. Toutefois, ce décret ouvre de larges perspectives à l'autogestion par le biais des coopératives ouvrières et des chambres syndicales. Cette orientation est clairement inspirée des conceptions de l'Internationale définies au Congrès de Bâle. Bien évidemment, le peu de temps qu'il resta à la Commune ne lui permet pas d'appliquer à grande échelle cette mesure. Il faut noter malgré tout l'intense activité de l'Union des Femmes, qui commença à recenser les ouvrières volontaires pour travailler dans les ateliers coopératifs (ainsi étaient-elles 71 dans le Xe arrondissement et 238 dans le XI, le 15 mai).

Autre champ d'intervention des antiautoritaires, l'enseignement et la culture, avec notamment la participation de Courbet, Vallès, Daumier, Manet, Dalou et Pottier. Ainsi la Commune instaure l'école

---

[117] W. SERMAN, « La Commune de Paris », Ed. FAYARD, Paris, 1986. p.366.

laïque, gratuite et obligatoire. Elle crée un enseignement professionnel, y compris pour les filles, et entame une réforme de l'enseignement qui doit être le fruit des débats qui réunissent les instituteurs, les parents d'élèves et les membres de la Société pour l'Education nouvelle. La Commune est aussi pionnière de l'éducation populaire. Elle instaure des cours publics, que Louise Michel évoque avec enthousiasme : « Partout les cours étaient ouverts, répondant à l'ardeur de la jeunesse. On y voulait tout à la fois, arts, sciences, littérature, découvertes, la vie flamboyait. On avait hâte de s'échapper du vieux monde. » Les musées, les bibliothèques, les théâtres sont ré-ouverts, et l'on organise des concerts aux tuileries. Il faut imaginer l'enthousiasme de ce peuple frustré de culture depuis toujours et qui, dans sa réalité quotidienne, voit apparaître l'art, la culture et l'éducation, pour lui et ses enfants. Incontestablement, cet élément a profondément changé la vie quotidienne et a contribué à ancrer la réalité des transformations révolutionnaires dans la population.

Mais si le souffle libertaire de la Commune est insufflé nettement par l'activité des internationalistes et, plus largement, des antiautoritaires, la politique du Conseil de la Commune est marquée par les tendances autoritaires des jacobins et des blanquistes. Un conflit majeur se développe entre la garde nationale et la

Commune. L'une veut conserver son indépendance et considère que la défense fait partie de ses prérogatives propres. L'autre veut chapeauter l'activité de la garde. Le Comité central expose le point de vue des gardes nationaux qui lui ont donné mandat : « La Commune représente à Paris le pouvoir politique et civil. Elle est l'émanation de l'autorité du peuple. Le Comité central, conséquence directe des principes fédératifs de la garde nationale, représente la force militaire. Il fait exécuter les ordres donnés par la Commune ; son autonomie est complète ; il lui appartient de faire l'organisation de la nationale, d'en assurer le fonctionnement et de proposer à l'acceptation de la Commune toutes les mesures politiques et financières nécessaires à la mise à exécution des décisions prises par le Comité »[118]. Ces déclarations ne plaisent pas aux membres de la Commune qui voient dans la garde nationale un simple organe exécutant, et voudraient bien dissoudre le Comité central. Mais cette garde nationale, qui a rendu le pouvoir à la Commune plutôt que d'établir la dictature, entend bien tenir toute sa place dans la Révolution et rappelle à la Commune : « C'est la fédération qui a sauvé la République. Tout n'est pas encore dit. Dissoudre cette organisation, c'est désagréger votre force. Le Comité central ne prétend retenir aucune part du gouvernement, il reste le trait d'union entre vous et les gardes nationaux, le bras de la

---

[118] Ibid, p. 266.

révolution. Nous redevenons ce que nous étions, le grand conseil de famille de la garde nationale »[119]. Mécontent de la dérive autoritaire qui apparaît au sein du Conseil communal, le Comité central prend des positionnements politiques et s'exprime de façon autonome. Ainsi, sent-il le besoin de s'adresser directement au peuple pour lui rappeler le sens profond de l'idée communaliste : « Travailleurs, ne vous y trompez pas ; c'est la grande lutte. C'est le parasitisme et le travail, l'exploitation et la production qui sont aux prises. Si vous êtes las de végéter dans l'ignorance et de croupir dans la misère ; si vous voulez que vos enfants soient des hommes ayant le bénéfice de leur travail, et non des sortes d'animaux dressés pour l'atelier ou pour le combat, fécondant de leur sueur la fortune d'un exploiteur ou répandant leur sang pour un despote ; si vous ne voulez plus que vos filles, que vous ne pouvez élever et surveiller à votre gré, soient des instruments de plaisir aux bras de l'aristocratie d'argent ; si vous ne voulez plus que la débauche et la misère poussent les hommes dans la police et les femmes à la prostitution ; si vous voulez, enfin, le règne de la justice, travailleurs, soyez intelligents, debout ! »[120] Cet appel aux ouvriers pour qu'ils deviennent véritablement des acteurs de la Commune et de la Révolution est un émouvant plaidoyer

---

[119] Ibid p. 267.

[120] Ibid p. 328.

libertaire, il n'en dénote pas moins un profond dysfonctionnement communal : la démocratie directe reste de façade, dépourvue des assemblées de bases qui sont censées donner les directives. De là, le Conseil de la Commune devient un gouvernement de fait.

Presque la moitié des membres du Conseil de la Commune sont des internationaux (40 sur 78), mais certains sont blanquistes[121]. D'autres membres, nous l'avons dit, bien que n'appartenant pas à l'Internationale, se joignent à ce groupe, et défendent des positions antiautoritaires. Ce bloc ne prend réellement conscience de son existence qu'au moment du vote à propos du Comité de Salut Public. On l'appelle : la minorité. Mais bien avant, les antiautoritaires tentent de faire barrage aux dérives autoritaires. Il faut noter que chaque député de la Commune a voté longtemps en son âme et conscience, sans concertation préalable. Il ne s'agit pas d'un parti ou d'une tendance organisée. Voilà comment Arthur Arnould, qui se range dans la minorité, explique les faits : « A peine réunis et entrés en fonction, nous pûmes constater ce fait important que les mots

[121] *Il semble que les internationalistes élus à la Commune ne reflètent pas les rapports de forces au sein de l'AIT, les blanquistes et autres autoritaires étant sur « représentés » : sur les 23 membres de la minorité, 13 sont internationaux alors que sur les 45 membres de la majorité, 22 sont internationaux.* Cf. ROUGERIE J. « L'AIT et le mouvement ouvrier à Paris pendant les évènements de 1870-1871 » in « 1871, Jalons pour une histoire de la Commune de Paris », ss la d. ROUGERIE J., Ed. Van Gorcum & Comp. B.V. – ASSEN, 1973, p.68.

« Commune de Paris » étaient compris de deux façons différentes par les divers membres de l'Assemblée. Pour les uns, la Commune de Paris exprimait, personnifiait, la première application du principe anti-gouvernemental, la guerre aux vieilles conceptions de l'Etat unitaire, centralisateur, despotique. La Commune, pour ceux-là, représentait le triomphe du principe de l'autonomie des groupes librement fédérés et du gouvernement le plus direct possible du peuple par le peuple. A leurs yeux, la Commune était la première étape d'une vaste Révolution sociale autant que politique, qui devait faire table rase des anciens errements. C'était la négation absolue de l'idée de dictature (...) Pour d'autres, la Commune de Paris était, au contraire, la continuation de l'ancienne Commune de Paris de 93. Elle représentait, à leurs yeux, la dictature au nom du peuple, une concentration énorme de pouvoir entre quelques mains, et la destruction des anciennes institutions par la substitution, d'abord d'hommes nouveaux à la tête de ces institutions, transformées momentanément en armes de guerre, au service du peuple contre les ennemis du peuple. Parmi les hommes de ce groupe autoritaire, l'idée d'unité et de centralisation n'avait pas complètement disparu. S'ils acceptaient, s'ils inscrivaient sur le drapeau le principe de l'autonomie communale et de la libre fédération des groupes, c'est que le principe leur était imposé par la volonté de

Paris ; mais quelques-uns le comprenaient peu ou mal, ou y apportaient de notables restrictions »[122] Dès les premiers jours, cette divergence de vue se traduit par des oppositions. La majorité – au nom de la sécurité - réclame le secret des débats du Conseil. La minorité – pour permettre le contrôle du peuple – en demande la publicité. Finalement, la majorité obtient gain de cause, mais un résumé des débats doit paraître dans le journal Officiel. Autre sujet de discorde, la Presse. La majorité veut interdire les journaux Versaillais. Les antiautoritaires défendent la liberté d'expression et demande simplement que les journalistes qui commettent des actes délictueux dans leur travail (diffamation, appel à la haine etc.) soient jugés. La Commune vota la suppression de plusieurs journaux. Cette interdiction est défendue par Rigault, blanquiste et chef de la Police communale depuis la mort de Duval. Son action est également controversée. Même des membres de la majorité comme Delescluze cherchent à le remplacer. C'est que Rigault pratique des arrestations arbitraires dont il ne rend pas toujours compte. Son action dessert la Commune, car elle est impopulaire auprès de la population parisienne, et donne des armes à Versailles : « Les arrestation furent faites sans discernement, presque toujours à coté. Les véritables agents de Versailles échappaient aux

---

[122] ARNOULD A., « Histoire populaire et parlementaire de la Commune de Paris », Ed ; Jacques-Marie Laffont et Associés à Lyon, Lyon, 1981, p.138.

poursuites, ou arrêtés, étaient relâchés le lendemain, sans que l'on sût, la plupart du temps, par qui ni comment »[123]. Souvent les Mairies sont en conflit avec la Police centrale au sujet de ces agissements. Rigault finit par être destitué et nommé procureur général. C'est lui qui prononce l'exécution des otages. Reste que dans le Paris assiégé, les hommes de la Commune – sous l'influence de 1793 et en proie à l'émotion – s'abandonnèrent souvent à confondre vengeance et justice. C'est vrai que la violence versaillaise est inouïe. Les exécutions sommaires pleuvent, les nouvelles sont terrifiantes. Les Versaillais tuent des femmes et des enfants. Ils égorgent, je dis bien égorger. Jamais la Commune ne s'est abaissée à tant de barbarie. Mais elle vote malgré tout la loi des otages, injustice bien inutile au vu des personnes arrêtées, tel l'archevêque Darbois dont Thiers n'a que faire. C'est parmi les antiautoritaires que l'on trouve quelques personnes qui s'opposent à cette loi et à l'exécution des otages plus tard, en premier lieu Varlin. Mais dans le tumulte, débordés par les nouvelles terribles du front, exténués par les nuits sans sommeil, où l'on vole quelques instants de répit sur le banc d'un couloir, la lucidité est un luxe et la majorité en vient à singer la Convention : « On arrêta, parce qu'elle avait arrêté. On emprisonna, parce qu'elle avait emprisonné. On fit la loi des otages, comme elle avait fait voter la loi des suspects.

[123] Ibid, p.190.

Quelques-uns voulaient même faire arrêter et fusiller la minorité, parce que les montagnards avaient fait arrêter, avaient envoyé à l'échafaud les girondins ! »[124] C'est dans ces circonstances, et devant les défaites, que Miot en vient à proposer la création d'un Comité de Salut Public de cinq membres aux pouvoirs extraordinaires. Il existait une commission exécutive chargée de faire appliquer les volontés de la Commune. Miot propose que le nouveau Comité puisse agir sans la consulter, ni attendre l'expression de sa volonté. C'est l'établissement de la dictature. La minorité s'insurge, à l'instar de Courbet, qui essaie de rendre un peu de lucidité au débat : « Je désire que tous les titres ou mots appartenant à la Révolution de 89 et 93 ne soient appliqués qu'à cette époque. Aujourd'hui, ils n'ont plus la même signification, et ne peuvent plus être employés avec la même justesse et dans les mêmes acceptions. Les titres : Salut Public, Montagnards, Girondins, Jacobins, etc., ne peuvent être employés dans ce mouvement socialiste républicain. Ce que nous représentons, c'est le temps qui s'est passé de 93 à 71, avec le génie qui doit nous caractériser et qui doit relever de notre propre tempérament. Cela me paraît d'autant plus évident que nous ressemblons à des plagiaires, et nous rétablissons à notre détriment une terreur qui n'est pas de notre temps. Employons les

---

[124] Ibid, p.188.

termes que nous suggère notre révolution »[125] Mais il est trop tard, et, le 1er mai, l'institution d'un Comité de Salut Public est votée. Andrieu, Langevin, Ostyn, Vermorel, Victor Clément, Thiesz, Seraillier, Avrial, Malon, Lefrançais, Courbet, Eugène Gérardin, Clémence, Arnould, Beslay, Vallès et Jourde signent une déclaration commune :

> Considérant que l'institution d'un Comité de Salut Public aura pour effet essentiel de créer un pouvoir dictatorial qui n'ajoutera aucune force à la Commune ;
>
> Attendu que cette institution serait en opposition formelle avec les aspirations politiques de la masse électorale, dont la Commune est la représentation ;
>
> Attendu, en conséquence, que la création de toute dictature par la Commune serait de la part de celle-ci une véritable usurpation de la souveraineté du peuple, nous votons contre[126]

D'autres motivèrent différemment leur vote. Au final, les opposants au Comité de Salut Public sont 23 : Jules Andrieu, Arthur Arnould, Augustin Avrial, Jules-Nicolas-André Babick; Charles Beslay, Adolphe Clémence, Victor Clément, Gustave Courbet, Eugène

---

[125] Cité in MILZA P., « L'année terrible », Perrin, Paris, 2009, p.243.

[126] W. SERMAN, « La Commune de Paris », Ed. FAYARD, Paris, 1986. p.342.

Gérardin, François Jourde, Camille Langevin, Gustave Lefrançais, Charles Longuet, Benoît Malon, François-Charles Ostyn, Jean-Louis Pindy, Paul Philémon Rastoul, Auguste Serraillier, Albert Theisz, Edme-Louis-Gustave Tridon, Jules Vallès, Eugène Varlin, Auguste-Jean-Marie Vermorel. Le premier Comité de Salut Public n'apporte rien de plus, effectivement. Un second est élu sans plus de succès. Le seul effet tangible de cette mesure dictatoriale est d'avoir envenimé les relations entre les membres de la Majorité et ceux de la Minorité, et apporté un peu plus de confusion dans les rangs des communeux. Désormais, la rupture est consommée, et la majorité qui se montre incapable d'acquérir plus d'efficacité rejette sa haine sur la minorité et siège à part, en secret, excluant de fait les minoritaires. Ceux-ci réagissent en publiant un manifeste :

Déclaration.

Par un vote spécial et précis, la Commune de Paris a abdiqué son pouvoir entre les mains d'une dictature à laquelle elle a donné le nom de Comité de Salut Public.

La majorité de la Commune s'est déclarée irresponsable par son vote et a abandonné à ce Comité toutes les responsabilités de notre situation.

La minorité à laquelle nous appartenons affirme, au contraire, cette idée, que la Commune doit, au mouvement révolutionnaire politique et social, d'accepter toutes les responsabilités et de n'en décliner aucune, quelque dignes que soient les mains à qui on voudrait les abandonner.

Quand à nous, nous voulons, comme la majorité, l'accomplissement des rénovations politiques et sociales ; mais, contrairement à sa pensée, nous revendiquons, au nom des suffrages que nous représentons, le droit de répondre seuls de nos actes devant nos électeurs, sans nous abriter derrière une suprême dictature que notre mandat ne nous permet d'accepter ni de reconnaître.

Nous ne nous présenterons donc plus à l'Assemblée que le jour où elle se constituerait en cour de justice pour juger un de ses membres. Dévoués à notre grande cause communale, pour laquelle tant de citoyens meurent tous les jours, nous nous retirons dans nos arrondissements, trop négligés peut-être. Convaincus, d'ailleurs, que la question de la guerre prime en ce moment toutes les autres, le temps que nos fonctions municipales nous laisseront, nous irons le passer au milieu de nos frères de la nationale, et nous prendrons notre part de cette lutte décisive soutenue au nom des droits du peuple.

Là encore nous servirons utilement nos convictions, et nous éviterons de créer dans la Commune des déchirements que nous réprouvons tous, persuadés que, majorité et minorité, malgré nos divergences politiques, nous poursuivons un même but :

La liberté politique ;

L'émancipation des travailleurs.

Vive la République sociale.

Vive la Commune !

Paris, 15 mai 1871

Jules Andrieu, Georges Arnold, Arthur Arnould, Augustin Avrial, Charles Beslay, Adolphe Clémence, Victor Clément, Gustave Courbet, Léo Fränkel, Eugène Gérardin, François Jourde, Gustave Lefrançais, Charles Longuet, Benoît Malon, François-Charles Ostyn, Jean-Louis Pindy, Auguste Serraillier, Albert Theisz, Edme-Louis-Gustave Tridon, Jules Vallès, Eugène Varlin, Auguste-Jean-Marie Vermorel

C'est le dernier acte politique fort des antiautoritaires avant le combat.

Enfin, nous devons souligner la part que prirent les internationaux et la garde nationale dans les tentatives de Communes qui ont échoué en province, à Lyon, Marseille, Narbonne, Saint-Etienne et Limoges. Dans toutes ces villes, ils prennent part aux évènements. A Lyon, Charles Amouroux, délégué de la garde parisienne, est conduit à l'Hôtel de ville et acclamé. Il part pour Le Creusot le lendemain, mais le mouvement lyonnais s'effondre. A Saint-Etienne, les évènements parisiens ont eu un vif écho. Une tentative de Commune tourne court. Le Comité de la garde nationale et le club de la Vierge ont joué un rôle important. A Marseille, la révolution échoue également et l'on retrouve une douzaine d'internationalistes parmi les derniers défenseurs de l'Hôtel de ville. A Narbonne, le leader du mouvement communaliste est Emile Digeon qui milite dans les milieux internationalistes. A l'époque de la Commune, il est en contact avec Jules Guesde qui réside en Suisse et qui est alors proche de James Guillaume. Enfin, à Limoge, c'est la garde nationale majoritairement constituée d'ouvriers qui tente un soulèvement. Tous ces soulèvements, souvent mal préparés, témoignent du fort impact que produit la Commune de Paris dans les milieux ouvriers. Au sein de l'Internationale, d'ailleurs, les évènements parisiens laissent une forte impression qui a des conséquences importantes.

Héritage de la Commune chez les anarchistes.

« Le lieutenant Sicre saisit Varlin, lui lia les mains derrière le dos et l'achemina vers les buttes où se tenait le Général de Laveaucoupet. Par les rues escarpées de Montmartre, ce Varlin qui avait risqué sa vie pour sauver les otages de la rue Haxo, fut traîné une grande heure. Sous la grêle des coups, sa jeune tête méditative qui n'avait eu que des pensées fraternelles, devint un hachis de chairs, l'œil pendant hors l'orbite. Quand il arriva rue des Rosiers, à l'état-major, il ne marchait plus ; on le portait. On l'assit pour le fusiller. Les soldats crevèrent son cadavre à coup de crosse. Sicre vola sa montre et s'en fit une parure.

Le Mont des Martyrs n'en a pas de plus glorieux. Qu'il soit, lui aussi, enseveli dans le grand cœur de la classe ouvrière. Toute la vie de Varlin est un exemple. Il s'était fait tout seul par l'acharnement de la volonté, donnant, le soir, à l'étude les maigres heures que laisse l'atelier, apprenant, non pour se pousser aux honneurs comme les Corbon, les Tolain, mais pour instruire et affranchir le peuple. Il fut le nerf des associations ouvrières de la fin de l'empire. Infatigable, modeste, parlant très peu, toujours au moment juste, et alors, éclairant d'un mot une discussion confuse, il avait conservé le sens révolutionnaire qui s'émousse souvent chez les ouvriers instruits. Un des premiers au 18 mars, au labeur pendant toute la Commune, il fut aux barricades jusqu'au bout. Ce mort-là est tout aux ouvriers. »[127] Plus tard, Malatesta, s'interrogeant sur la violence révolutionnaire, écrit ceci : « Nous considérons que la violence est une nécessité et un devoir pour la défense, mais pour la seule défense (…) Mais notre violence doit être résistance d'hommes contre des brutes, et non lutte féroce de bêtes contre des bêtes. Toute la violence nécessaire pour vaincre,

---

[127] P.O. LISSAGARAY, « Histoire de la Commune de Paris de 1871 », Pettite Collection Maspero, Paris, 1983, p.376-377.

mais rien de plus ni de pis »[128]. Ce 28 mai 1871, les brutes ont gagné. Jamais la Commune ne fit preuve d'une telle barbarie, son martyre montre le vrai visage de ce que l'on appelle les modérés, ces partisans de l'ordre établi et de l'injustice. La Semaine Sanglante marque les noces de sang d'une « République » de voleurs et d'assassins, tous unis dans leur vénalité. Pour le mouvement ouvrier, et pour les anarchistes en particulier, les évènements de ces deux mois marquent à jamais leur histoire[129].

L'échec de la Commune eut de graves conséquences, que Fernand Pelloutier explique ainsi : « La section française de l'Internationale dissoute, les révolutionnaires fusillés, envoyés au bagne ou condamnés à l'exil, les clubs dispersés, les réunions interdites ; la terreur confinant au plus profond des logis les rares hommes échappés au massacre, telle était la situation du prolétariat au lendemain de la Commune... »[130]. 30 000 fusillés, 38 000 prisonniers, 14 000 condamnations : au bagne, en prison, en exil…,

---

128 MALATESTA E., Le Réveil, n°602.

129 *Les versaillais ne se contentent pas de l'exécution immédiate des combattants. Ils assassinent les blessés, les médecins, des vieillards et des enfants, des étrangers… Il ne faut pas voir là des « débordements » mais une volonté délibérée : les généraux versaillais semblent avoir fait durer l'agonie pour en tuer davantage et l'Etat républicain met en place des tribunaux militaires expéditifs pour encore resserrer la nasse. On peut lire à ce sujet la description sans appel* de TALES C., « La commune de 1871 », ed. Spartacus, Paris, 1971, p.129-143.

130 PELLOUTIER Fernand, « Histoire des bourses du travail », 1902, Paris.

les « forces vives » de l'Internationale ne sont plus en France. Selon Pelloutier, cette réalité explique la dérive individualiste que connut alors le mouvement libertaire français, se coupant ainsi des milieux ouvriers. Mais la Commune tranche aussi les opinions : certains comme Gustave Lefrançais et Arnould évoluent vers les conceptions anarchistes tandis que d'autre comme Frankel se renforcent dans leur marxisme et ces évolutions sont liées aux analyses différentes qui tentent d'expliquer la défaite.

Elle marque également la vie interne de l'AIT. Devant le fort impact de la Commune, Marx est obligé de changer le fusil d'épaule, et de lui rendre hommage. Il écrit alors « La guerre civile en France », son écrit le plus « libertaire ». C'est qu'il est en train d'organiser l'expulsion, hors de l'AIT, de Bakounine et Guillaume. En 1872, au Congrès de la Haye, il se sert de faux mandats, notamment français, pour mettre son projet à exécution. Tout le cynisme de Marx est contenu dans cet acte : en France, l'Internationale a été atomisée par les évènements, et les survivants, terrés ou en fuite, n'ont aucun moyen de s'exprimer: il vole leurs voix ! La majorité des sections et des adhérents de l'Internationale n'acceptent pas cette décision illégitime et l'invalident au Congrès de Saint-Imier. Il y a donc deux internationales désormais. Celle de Marx, coquille vide, se désagrège rapidement.

L'Internationale antiautoritaire poursuit son travail, mais l'immense prestige de la Commune fait évoluer bon nombre de militants italiens, et d'anciens communards en exil (comme Benoit Malon)[131], vers des conceptions insurrectionalistes où prévaut l'action armée de petits groupes, plutôt que l'organisation du mouvement ouvrier. « Il ne faut pas perdre de vue qu'en dépit de son écrasement, la Commune été interprétée comme venant inaugurer une nouvelle phase révolutionnaire dans la lutte que le proltariat livré à la bourgeoisie. Cette « troisième défaite du prolétariat français » selon l'expression imagée utilisée par Benoit Malon, n'avait rien de définitif. Pour les communards pourchassés, comme pour tous les internationalistes antiautoritaires, le combat ne faisait que commencer. »[132] Dans une période où, en France comme en Italie, la répression rend très difficile l'action syndicale, cette conception s'impose et met fin à l'Internationale en 1878.

Les penseurs anarchistes sont également très marqués par la Commune : « Dès avril 1871, [Bakounine] estime que « ce qui donne de la valeur à cette révolution, c'est précisément qu'elle a été faite par la classe ouvrière ». Juste après l'écrasement de la

---

[131] *Les militants de la fédération jurassienne de l'AIT ont organisé la fuite de plusieurs communards internationaux et les ont accueillis.*

[132] MANFREDONIA G., « Anarchisme et changement social », ACL, Lyon, 2007, p.311.

Commune, le 10 juin, il écrit une lettre à son ami James Guillaume où il énonce une ligne de conduite que suivront avec plus ou moins de fidélité les anarchistes de l'époque : « nous ne devons pas diminuer le prestige de ce fait immense, la Commune, et nous devons défendre à outrance, dans ce moment, même les jacobins qui sont morts pour elle »[133]. Quelques jours plus tôt, Bakounine avait effectivement commencé sa défense de la Commune, qui sera publiée après sa mort dans une version très libre par Elisée Reclus (1878) et réimprimée ensuite sous le titre La Commune de Paris et la notion de l'État. On peut y lire : « Je suis un partisan de la Commune de Paris, [...] surtout parce qu'elle a été une négation audacieuse, bien prononcée, de l'État », et aussi que Paris a porté « un coup mortel aux traditions politiques du radicalisme bourgeois ». La Commune est ainsi analysée comme la première concrétisation révolutionnaire du socialisme anti-étatique, auquel elle a donné « une base réelle ». Par conséquent, sa valeur ressortit davantage à sa signification idéologique qu'à ses réalisations concrètes. »[134] Bakounine cherche donc à comprendre

---

[133] cité par LEHNING A., « Michel Bakounine. Théorie et pratique du fédéralisme anti-étatique en 1870-1871 », in 1871. Jalons pour une histoire de la Commune de Paris ; publié ss. la dir. de Jacques Rougerie, avec la collaboration de Tristan 1 I ;l1fl, Georges Haupt et Miklos Molnar. - Paris : PUF, 1973,p. 468-469.

[134] DELHOM J., « Des anarchistes et de la Commune de Paris », in *La Commune de 1871 : utopie ou modernité ?*, ss. la dir. de Gilbert Larguier et

l'échec de la Commune. Il l'attribue à la relativement faible représentation socialiste parmi son conseil, qui n'a pas permis d'aller plus avant dans un programme socialiste, ni permis l'action des masses populaires. Mais, surtout, il constate les conditions nettement défavorables qui eurent raison de la Commune, avec l'alliance des Versaillais et des Prussiens pour la combattre. James Guillaume et Bakounine ont tout de suite vu le caractère anti-étatiste de cette Révolution. Marx lui-même est obligé de le reconnaître[135]. Arthur Arnould et Gustave Lefrançais, tous deux rescapés, leur donnent également raison. Arnould écrit : « Pas d'Unité ! - Pas de Centralisation ! - Pas de Pouvoir fort! - L'Autonomie du Groupe et l'Union des Groupes autonomes. Ces paroles, ce sont celles que la Commune vint proclamer à son tour pour la première fois, en essayant de les faire passer dans les faits »[136] et Lefrançais dit que la Commune « n'avait pas seulement pour but de décentraliser le pouvoir, mais de faire disparaître le pouvoir lui-même »[137] Mais les émotions suscitées – enthousiasme révolutionnaire d'abord,

Jérôme Quaretti, Perpignan, Presses Universitaires de Perpignan (col. Etudes), 2000, p. 295-310.

135 MARX K., « La Commune de Paris », Traduction de Charles Longuet, Paris, Librairie Jacques, 1901. Préface d'Engels, traduite par E. Berth.

136 ARNOULD A., « Histoire populaire et parlementaire de la Commune de Paris », Ed ; Jacques-Marie Laffont et Associés à Lyon, Lyon, 1981, p.285-286.

137 Lefrançais G., « Étude sur le mouvement communaliste , Paris en 1871 » (Neuchâtel, 1871), p.368. *Cité par LEHNING, op.cit., p. 470. Lefrançais entra à la Fédération jurassienne en décembre 1871, puis il devint le collaborateur d'Elisée Reclus.*

révolte devant la répression ensuite – ne permettent pas une analyse sereine. Il faut attendre quelques années pour que des analyses plus critiques voient le jour : « En 1880, le géographe Elisée Reclus (1830-1905), lui-même acteur de la Commune, a ainsi pu écrire : « Jusqu'à maintenant, les communes n'ont été que de petits États, et même la Commune de Paris, insurrectionnelle par en bas, était gouvernementale par en haut, maintenait toute la hiérarchie des fonctionnaires et des employés. Nous ne sommes pas plus communalistes qu'étatistes, nous sommes anarchistes... ». Son ami, le théoricien du communisme libertaire Pierre Kropotkine (1842-1921), s'est exprimé à la même époque dans deux articles complémentaires, "La Commune de Paris" (1881) et "Le gouvernement révolutionnaire" (1880-82). Avec les commentateurs de la première période, il convient que, « sous le nom de Commune de Paris, naquit une idée nouvelle, appelée à devenir le point de départ des révolutions futures » et qu'en raison des circonstances « la Commune de 1871 ne pouvait être qu'une première ébauche ». Il pense même qu'elle serait devenue une véritable révolution sociale si elle avait vécu. Cependant, Kropotkine en énonce les faiblesses sans le moindre artifice oratoire : «[...] elle n'osa se lancer entièrement dans la voie de la révolution économique ; elle ne se déclara pas franchement socialiste, ne procéda ni à l'expropriation des capitaux ni à l'organisation du travail ; ni même au recensement général de toutes les ressources de la cité. Elle ne rompit pas non plus avec la tradition de l'État, du gouvernement représentatif, et elle ne chercha pas à effectuer dans la Commune cette organisation du simple au complexe qu'elle inaugurait en proclamant l'indépendance et la libre fédération de Communes ». Comme c'était « une période transitoire, alors que les idées de socialisme et d'autorité subissaient une modification profonde », le peuple s'est laissé aller au «fétichisme gouvernemental » et : « Enfermés à l'Hôtel de Ville, avec mission de procéder dans les formes établies par les gouvernements précédents, ces révolutionnaires ardents, ces réformateurs se trouvèrent frappés d'incapacité, de stérilité. Avec toute leur bonne volonté et leur courage, ils n'ont pas même su organiser la défense de Paris. Il est vrai qu'aujourd'hui on s'en prend pour cela aux hommes, aux individus ; mais ce ne sont pas les individus qui furent la cause de cet échec, c'est le système appliqué ». Kropotkine critique le système représentatif adopté par la Commune comme étant intrinsèquement inopérant, en situation révolutionnaire, pour guider les masses vers le but à atteindre : « La solution pratique ne se trouvera, ne se précisera que lorsque le changement aura déjà commencé: elle sera le produit de la révolution elle-même, du peuple en action, ou bien elle ne sera rien, le cerveau de quelques individus étant absolument incapable de trouver ces solutions qui ne peuvent naître que de la vie populaire». Le suffrage universel, explique-t-il, éloigne de la population la minorité qui a les idées nettes et stérilise son action : «Ces hommes, qui seraient si nécessaires au milieu du peuple, et précisément dans ces journées de révolution, pour semer largement leurs idées, pour mettre les masses en mouvement, pour démolir les institutions du passé, se trouvent cloués là, dans une salle, discutant à perte de vue, pour arracher des concessions aux modérés, pour convertir des ennemis, tandis qu'il n'y a qu'un seul moyen de les amener à l'idée nouvelle, c'est de la mettre à exécution . Le système gouvernemental, fût-il révolutionnaire, conduit progressivement aux luttes intestines entre factions jalouses de leurs pouvoirs et à la tentation dictatoriale, donc à l'affaiblissement de la révolution elle-même. Gouvernement et révolution, conclut Kropotkine, sont incompatibles : « une vie nouvelle demande des formes nouvelles » et « en dehors de l'anarchie, il n'y a pas de révolution ».

II insiste aussi sur ce qu'il croit être l'erreur stratégique fondamentale des communards, imputable à leur manque de maturité idéologique. Trop timorés, ceux-ci tombèrent, d'après lui, dans une certaine inconséquence :

« L'indécision régnait dans les esprits, et les

socialistes eux-mêmes ne se sentaient pas l'audace de se lancer à la démolition de la propriété individuelle, n'ayant pas devant eux de but bien déterminé. Alors on se laissa berner par ce raisonnement que les endormeurs répètent depuis des siècles. - "Assurons-nous d'abord la victoire ; on verra après ce qu'on pourra faire." S'assurer d'abord la victoire ! Comme s'il y avait moyen de se constituer en Commune libre tant qu'on ne touche pas à la propriété ! [...] On cherchait à consolider d'abord la Commune en renvoyant à plus tard la révolution sociale, tandis que l'unique moyen de procéder était de consolider la Commune par la révolution sociale ! Il en arriva de même pour le principe gouvernemental. En proclamant la Commune libre, le peuple de Paris proclamait un principe essentiellement anarchiste ; mais, comme à cette époque l'idée anarchiste n'avait que faiblement pénétré dans les esprits, il s'arrêta à moitié chemin et, au sein de la Commune il se prononça encore pour le vieux principe autoritaire, en se donnant un Conseil de la Commune, copié sur les Conseils municipaux »[138].

Avec la révolution russe, les idées du Congrès de Bâle semblent trouver une seconde naissance à travers les soviets. « En 1905, Lénine expliquait par exemple

---

[138] DELHOM J., « Des anarchistes et de la Commune de Paris », in *La Commune de 1871 : utopie ou modernité ?*, ss. la dir. de Gilbert Larguier et Jérôme Quaretti, Perpignan, Presses Universitaires de Perpignan (col. Etudes), 2000, p. 295-310.

au président du soviet de Saint-Pétersbourg que « son parti ne pouvait sympathiser avec l'idée démodée du système des conseils » (...) »[139]. En avril 1917, à travers ses « Thèses », véritable stratégie de conquête de l'opinion et du pouvoir, Lénine se sert de la Commune pour établir une confusion entre soviets et dictature du prolétariat : « les soviets des députés ouvriers [ndlr : que sont devenus les paysans ?...] sont la seule forme possible de gouvernement révolutionnaire » Il précise en note : « C'est à dire un Etat dont la Commune de Paris a été la préfiguration ». C'est lui d'ailleurs qui ressort des vieux cartons « La guerre civile en France » très peu cité jusque-là par les marxistes orthodoxes... Cette confusion permet aux bolcheviks de se teinter d'anarchisme, et de séduire les masses. Beaucoup d'anarchistes d'ailleurs passent alors dans leur camp. Le clivage entre centralisation/décentralisation du pouvoir qui est apparu lors de la commune renaît dans les soviets qui finissent dénaturés et vidés de sens sous la dictature que Lénine met en place.

C'est certainement la révolution russe qui explique les vives critiques qu'adresse Max Nettlau à la Commune dans les années 30. Il « revient sur la dimension politique et porte des jugements encore plus sévères que les précédents. On peut estimer qu'ils sont

---

[139] ROCKER Rudolf, « Les soviets trahis par les bolcheviks », Editions Spartacus, Paris, 1973, p.20.

excessifs ou injustes, puisque Nettlau va jusqu'à nier l'influence de l'esprit fédéraliste pour qualifier la Commune de « microcosme autoritaire », au sein duquel « il y avait des restes indélébiles de gouvernementalisme municipal, local, et une méfiance envers l'anarchisme. En somme, affirme l'auteur, de même qu'existait la théorie de l'Etat minimum, on croyait à la Commune minimum, gouvernée le moins possible, mais néanmoins gouvernée. Les libertaires qui combattaient avec ces communalistes furent attirés et à la fois repoussés par eux ».

Cependant, ces appréciations ne sont pas dénuées d'intérêt quant au sujet qui nous occupe, le regard des anarchistes sur cette révolution. Elles sont d'autant plus pertinentes que Nettlau était un érudit qui avait connu personnellement bon nombre de militants de premier plan. « A cause de la fin héroïque de la Commune, écrit-il, ces faits furent souvent considérés comme secondaires par les libertaires qui les connurent pourtant bien et qui, du reste, pouvaient les contrôler de près au contact des nombreux réfugiés, à Genève par exemple ». D'après lui, chez Lefrançais, « l'antiétatisme était total »; en revanche, Paul Brousse finit par se laisser absorber par le gouvernementalisme. Et l'historiographe poursuit :

« D'autres, comme Elisée Reclus (qui fut combattant

et ardent partisan de la Commune et resta ami de ses défenseurs) ne se laissèrent pas séduire par le communalisme et devinrent toujours davantage des anarchistes clairvoyants. Louise Michel, la combattante la plus enthousiaste de la Commune, après avoir vu se développer les erreurs et l'autoritarisme chez ses meilleurs partisans, devint anarchiste [...] quand elle put réfléchir à ce qu'elle avait vu. Une autre combattante, Victorine Rouchy [alias Brochet], devint aussi une des premières anarchistes communistes de Genève. Bakounine ne fut pas absorbé, ni complètement fasciné par la Commune de Paris, comme tant d'autres dont le champ visuel resta limité par ce grand événement. En Italie et en Espagne on n'eut généralement pas cette limitation de vue, mais elle se fit ailleurs et, à mon avis, cela entraîna une certaine désagrégation de l'Internationale » »[140].

D'autres penseurs anarchistes des années 30, n'ont pas le même point de vue que Nettlau, c'est le cas de Kaminsky qui affirme : « la Commune, la première révolution où le prolétariat en tant que classe se dresse contre la bourgeoisie, est en réalité un mouvement anarchiste »[141]. Mais l'opinion admise minimise le rôle

---

[140] DELHOM J., « Des anarchistes et de la Commune de Paris », in *La Commune de 1871 : utopie ou modernité ?*, ss. la dir. de Gilbert Larguier et Jérôme Quaretti, Perpignan, Presses Universitaires de Perpignan (col. Etudes), 2000, p. 295-310.

[141] KAMINSKY H.E., « Bakounine, la vie d'un révolutionnaire », Ed. Spartacus, 1971, Paris, p.282. *Texte écrit en 1938.*

des antiautoritaires, à l'image de ce qu'écrivent Alain Sergent et Claude Harmel en 1949 : « L'anarchie doit plus à la Commune que la Commune ne lui doit. Elle tient moins de place dans l'histoire de la Commune que la Commune dans la sienne ». Considérant le Manifeste comme l'essentiel de l'apport des antiautoritaires au mouvement parisien ; apport qui a donné aux idées communalistes de l'anarchie « une vigueur nouvelle ». Cela explique certainement le peu de place que tient la Commune dans « l'Anarchisme » ou « Ni Dieu ni maître » de Daniel Guérin[142], livres de vulgarisation qui sont restés des références incontournables pendant de nombreuses années...Il n'est donc pas étonnant que des auteurs qui ne sont pas libertaires ont tendance à sous-estimer son importance comme Jean-Préposiet dans son « Histoire de l'anarchisme »[143].

---

[142] GUERIN D., « L'anarchisme », Gallimard, Paris, 1965. GUERIN D. « Ni Dieu ni maître, anthologie de l'anarchisme », Ed. F. Maspero (Petite collection Maspero. 66-69.), Paris, 1970. 4 vol.

[143] PREPOSIET J., « Histoire de l'anarchisme », Ed. Tallandier, Paris, 2002.

CAFE

Une des caractéristiques des Révolutions est de voir s'effondrer le régime politique en place. Dans la période qui suit sa chute, il y a la place pour plusieurs conceptions de la société. Les initiatives à la base y acquièrent une force momentanée irrésistible parce qu'elles apparaissent très rapidement et réorganisent le quotidien dans les premiers jours. La construction d'un appareil d'Etat prend plus de temps, il peut sembler nécessaire lorsque ces initiatives spontanées n'arrivent pas à se fédérer et que la situation militaire fait des contre-révolutionnaires une menace. Mais « lorsqu'au nom de la Révolution, on veut faire de l'Etat, ne serait-ce que de l'Etat provisoire, on fait de la réaction et on travaille pour le despotisme, non pour la liberté »[144]. Les tentatives de démocratie directe entamées en 1789 et en 1871 sont riches d'enseignement. L'Etat, même révolutionnaire, cherche toujours à détruire le pouvoir

---

[144] « Lettre à un français », 1870 cité in M. BAKOUNINE, « La Commune de Paris », Ed. CNT, Paris, 2005, p. 9.

populaire. Il ne suffit pas de décréter la démocratie directe, encore faut-il qu'elle existe, c'est à dire que les assemblées primaires décident réellement. Les hommes les plus sincères peuvent être changés par le pouvoir. Les mots de Bakounine, parlant de Varlin et des internationalistes de la Commune qui tentèrent de résister aux tendances autoritaires qui se développées, semblent alors bien pertinents : « Ils avaient d'ailleurs cette conviction si juste que dans la révolution sociale, diamétralement opposée en ceci comme dans tout le reste, à la révolution politique, l'action des individus était presque nulle et l'action spontanée des masses devait être tout. Tout ce que les individus peuvent faire, c'est d'élaborer, d'éclaircir et de propager les idées correspondant à l'instinct populaire, et de plus, c'est de contribuer par leurs efforts incessants à l'organisation révolutionnaire de la puissance naturelle des masses, mais rien au delà ; et tout le reste ne doit et ne peut se faire que par le peuple lui-même. Autrement on aboutirait à la dictature politique, c'est à dire à la reconstitution de l'Etat, des privilèges, des inégalités, de toutes les oppressions de l'Etat, et on arriverait par une voie détournée mais logique, au rétablissement de l'esclavage politique, social, économique des masses populaires. »[145]

---

[145] M. BAKOUNINE, « La Commune de Paris », Ed. CNT, Paris, 2005, p. 85.

La Commune de Paris de 1871 est l'héritière de la Révolution Française, ses difficultés internes nous éclairent, mais trop de lumière ne doit pas nous aveugler. La chute de la Commune est le fait de la III° République et de Bismarck qui lui fournit une armée, en libérant les bataillons de prisonniers de la guerre de 1870. Certes, dans l'urgence, des dysfonctionnements inquiétants sont apparus, ils doivent nous servir, tout comme l'éclatant message de générosité que ces hommes et ces femmes nous ont délivré. Car, avec Elisée Reclus, n'oublions pas l'essentiel : « La Commune a dressé pour l'avenir, non par ses gouvernants mais par ses défenseurs, un idéal bien supérieur à celui de toutes les révolutions qui l'avaient précédée ; elle engage d'avance ceux qui veulent continuer, en France et dans le monde entier, à lutter pour une société nouvelle dans laquelle il n'y aura ni maîtres par la naissance, par le titre ou l'argent, ni asservis par l'origine, la caste ou le salaire. Partout le mot « Commune » a été compris dans le sens le plus large, comme se rapportant à une humanité nouvelle, formée de compagnons libres, égaux, ignorant l'existence des frontières anciennes et s'entraidant en paix d'un bout du monde à l'autre. »[146]

---

[146] Enquête sur la Commune de Paris, Ed. De la Revue Blanche, Paris, 1897, interview reproduite dans « La Commune en image », petite collection maspéro, Paris, 1982, p. 21.

La Commune, c'est un peuple généreux et naïf, et que l'on tue. La Commune, c'est un cheval piégé, et qui se cabre, superbe, en plein trépas. La Commune, c'est une fleur. Sous chaque coquelicot, un communard repose. Le coquelicot, cette fleur de mauvaise herbe, jamais mise en pot, aux pétales fragiles, d'un rouge franc, que l'on fauche parfois et qui repousse souvent.

BIBLIOGRAPHIE.

ARNOULD A., « Histoire populaire et parlementaire de la Commune de Paris », Ed ; Jacques-Marie Laffont et Associés à Lyon, Lyon, 1981.

BAKOUNINE M., « La guerre franco-allemande et la révolution sociale en France 1870-1871 » œuvres complètes, volume 7, Ed ; Champs libre, France 1979.

M. BAKOUNINE, « La Commune de Paris », Ed. CNT, Paris, 2005.

BOURGIN G., « Histoire de la Commune », Paris, 1907.

BRIEN S., « L'influence de la Révolution française sur la pensée de Pierre Kropotkine », mémoire de science politique, Université du Québec, Montréal, février 2010.

CORDILLOT M., « Aux origines du socialisme moderne, la première internationale, la Commune, l'exil », Edition de l'atelier, Paris, 2010.

CORDILLOT M., « Eugène Varlin, chronique d'un espoir assassiné », La part des hommes, Ed. Ouvrière, France, 1991.

DELHOM J., « Des anarchistes et de la Commune de Paris », in *La Commune de 1871 : utopie ou modernité ?*, ss. la dir. de Gilbert Larguier et Jérôme Quaretti, Perpignan, Presses Universitaires de Perpignan (col. Etudes), 2000.

DOLLEANS E., « Histoire du mouvement ouvrier », Tome I : 1830-1871 (1948), Armand Collin, 1953.

DOMMANGET M., « Blanqui, la guerre et la Commune », Paris, Domat, 1946.

DOMMANGET M., « Babeuf et la conjuration des égaux », Spartacus, Barcelone, 1989.

DOMMANGET M., « Enragés et curés rouges en 1793 », Spartacus, Paris, 1993.

GAILLARD L. : « La section marseillaise de l'Internationale », CIRA Marseille, 1970.

GONOT R., « Elie Reclus, la Commune de Paris au jour le jour », Ed. Séguier, Paris, 2000.

GUERIN D, « L'anarchisme », Coll Maspéro, Paris.

GUERIN D., « Ni Dieu ni Maître », tome I, Maspero, 1974.

GUILLON C., « Deux enragés de la Révolution, Leclerc de Lyon et Pauline Léon », Ed. La Digitale, 1993, Baye.

GUILLON C., « Deux enragés de la Révolution », Editions La Digitale, Quimperlé, 1993.

GUILLAUME J., « L'Internationale, documents et souvenirs », Ed. Gérard Lebovici, Tome 1, livre 2, France, 1985,

HOBSBAWM E.J., « L'ère des révolutions: 1789-1848 », Paris, Hachette, 2005.

KAMINSKY H.E., « Bakounine, la vie d'un révolutionnaire », Ed. Spartacus, 1971, Paris.

KROPOTKINE P., « La grande Révolution », Ed. TOPS/H.Trinquier, Antony, 2002.

LEFRANCAIS G., « Étude sur le mouvement communaliste, Paris en 1871 » (Neuchâtel, 1871).

LEHNING A., « Michel Bakounine. Théorie et pratique du fédéralisme anti-étatique en 1870-1871 », in 1871. Jalons pour une histoire de la Commune de Paris ; publié ss. la dir. de Jacques Rougerie, avec la collaboration de Tristan 1 I ;l1fl, Georges Haupt et Miklos Molnar. - Paris : PUF, 1973.

LENINE, « La Commune de Paris », Paris, 1931.

LISSAGARAY P.O., « Histoire de la Commune de Paris de 1871 », Pettite Collection Maspero, Paris, 1983.

MANFREDONIA G., « Anarchisme et changement social », ACL, Lyon, 2007.

MARX K., « La Commune de Paris », Traduction de Charles Longuet, Paris, Librairie Jacques, 1901. Préface d'Engels, traduite par E. Berth.

MILZA P., « L'année terrible », Perrin, Paris, 2009.

MICHELET J., « Histoire de la Révolution française », Livre XVII, chapitre III.

MONTESQUIEU C., « L'esprit des Lois »1748.

OSWALD J. « Le gouvernement du peuple », Les Editions de la passion, Paris, 1996.

PREPOSIET J., « Histoire de l'anarchisme », Ed. Tallandier, Paris, 2002.

PROUDHON P.J., « De la Justice dans la Révolution et dans l'Eglise », 1860.

PELLOUTIER Fernand, « Histoire des bourses du travail », 1902, Paris.

PROUDHON P.J., « La révolution sociale démontrée par le coup d'Etat du Deux Décembre ».

PROUDHON P.J., « Contradictions politiques », Œuvres complètes, Paris, éd. Rivière, 1952.

RECLUS E., « La Commune de Paris au jour le jour », Ed. Lo Trebuc, Orthez, 2010.

ROCKER R., « Les soviets trahis par les bolcheviks », Editions Spartacus, Paris, 1973.

ROUGERIE J., « Les sections française de l'Association Internationale des Travailleurs » in « La première Internationale, l'institution, l'implantation, le rayonnement », CNRS, Paris, 1968.

ROUGERIE J. « L'AIT et le mouvement ouvrier à Paris pendant les évènements de 1870-1871 » in « 1871, Jalons pour une histoire de la Commune de Paris », ss la d. ROUGERIE J., Ed. Van Gorcum & Comp. B.V. – ASSEN, 1973.

J.J. ROUSSEAU, « Du Contrat social », Livre III, chapitre XV.

RUDE F. « Michel Bakounine, de la guerre à la commune », Ed. Anthropos, Paris, 1972.

SERGENT A. et HARMEL C., « Histoire de l'anarchisme », Dole-le-Jura: Le portulan, 1949.

SERMAN W., « La Commune de Paris », Ed. FAYARD, Paris, 1986.

SORIA G., « La grande histoire de la Commune de Paris », Club Diderot, Editions du centenaire, Paris, 1971.

TALES C., « La commune de 1871 », ed. Spartacus, Paris, 1971.

VASSILIEV Pano, « L'idée des soviets », Les cahiers de l'anarcho-syndicalisme n°3, CNT-AIT, Caen.

VUILLAUME M., « Mes cahiers rouges », Paris,1913-1914.

ZAIDMAN P-H., « Le mandat impératif, de la révolution française à la Commune de Paris », Ed. du Monde Libertaire & Ed. Libertaire, Paris, 2007.

ZAIDMAN P.H., « Emile Duval, général de la Commune », Ed. Dittmar, Elbeuf, 2006.

Revues :

Le Réveil, n°602, MALATESTA E.

L'Homme Réel, mars 1934. « Les premières journées de la Commune », Paris.

Itinéraire n°11, « Eugène Varlin ».

Gavroche, n°153, janvier-février-mars 2008 « La garde nationale fédérée de Paris (1870-71) » par Rémy VALAT et Pierre-Henri ZAIDMAN, Paris.

Site internet :

« Enquête parlementaire sur l'Insurrection du 18 mars », 3 v., Versailles, 1872, t. II, p. 60 à 78 ; *Journal officiel* (19 mars-24 mai), V. Bunel, éd., 1871 ;

« Procès-verbaux de la Commune », éd. Bourgin et Henriot, t. Ier, mars-avril 1871, Paris, Leroux, 1924.

CHOQUETTE G, Ph.D. philosophie (Paris-Sorbonne), « Fondements philosophiques et historiques de l'anarchisme »,

http://www.zombiemedia.org/spip.php?article44

« La Révolution française dans la formation de la théorie révolutionnaire chez Bakounine », contribution à l'ouvrage collectif « Les anarchistes et la Révolution française », Éditions du Monde Libertaire, 1990

Riviale P., « Histoire de La Commune de Paris », « Les grands cimetières sous la lune ou La Commune innocentée ». La

République des Lettres, http://www.republique-des-lettres.fr/10645-histoire-commune-paris.php

Chapitre de Hommes et choses de la Commune de Maurice Dommanget (Éditions de la Coopérative des Amis de l'"École Émancipée", sans date, vers 1937), version revue et augmentée, mais expurgée des notes, d'un article publié dans L'École émancipée et L'Ouvrière, 26 mai 1923.

http://bataillesocialiste.wordpress.com/2010/03/03/les-femmes-pendant-la-commune-1/

http://chipluvrio.free.fr/gdes%20femmes/gdes-femmes4-2.html

Table des matières

Les anarchistes et la Commune de Paris
Les Editions du temps perdu
ISBN 2 – 9524639 – 8 – 0 EAN 9782952463980
Dépôt légal : novembre 2010.
Imprimerie ICN, Z.I. des Saligues 64300 Orthez